COFFEE TASTING

바리스타 & 로스터를 위한

커피향미분석

안중혁 Jake Ahn

지식인

바리스타 & 로스터를 위한

커피향미분석

2017년 8월 16일 초판 1쇄 발행
2017년 9월 25일 초판 2쇄 발행
2019년 5월 10일 초판 3쇄 발행
2022년 8월 22일 초판 4쇄 발행

지은이 | 안중혁
펴낸이 | 김종욱 · 명사동
펴낸곳 | 지식인
등 록 | 제301-2013-134호
주 소 | 서울시 도봉구 도봉로 180길 20 투웨니퍼스트 102동 602호
전 화 | 02)2266-8606 (대)
팩 스 | 02)2266-8607
이메일 | jisikin2013@naver.com
홈페이지 | www.jisikinbook.co.kr

ISBN 979-11-88105-06-9 (93570)

값 19,000원

바리스타 & 로스터를 위한

커피향미분석

COFFEE TASTING

바리스타 & 로스터를 위한

커피향미분석

추천사

아직까지 정확한 토대 없이 이루어져 왔던 커피향미분석에 대한 체계적인 기준을 제시하고 있습니다. 또한 관능평가의 적합한 주변 환경과 평가오류를 줄 수 있는 요소들을 정확하게 기술하고 있기 때문에 매우 실용적입니다. 커피를 연구하는 전문가로부터 커피를 사랑하는 일반인에게까지 커피향미에 관심 있는 모든 사람들에게 유익한 도서입니다.

– 정유화, 단국대학교 식품영양학과 교수

커피교육자로서 이 책을 만난 것은 큰 행운입니다. 단순히 이론서적이 아니라 과학을 바탕으로 한 실제 경험을 접목하여 커피의 향과 맛을 평가하는 데 있어 실질적으로 도움이 될 수 있으며, 바리스타와 로스터 누구라도 단계별로 따라가기만 해도 큰 도움을 받을 수 있습니다.

– 박선희, 국제호텔직업전문학교 부학장

공부에는 왕도가 없다고들 합니다만, 이 책은 현재 커피업계에서 커피향미분석을 위한 서적 중에서 단연 최고라고 할 수 있습니다. 누구나 한 번 읽어보면 스스로 공부할 수 있도록 짜임새 있게 되어 있습니다. 커피를 수도 없이 로스팅하고 추출해보지만, 커피의 좋은 향과 맛을 전달하는 것에 어려움을 겪는 커피전문가들에게 향미 평가의 최신 기준을 제시해 줄 것입니다.

– 조효진, 경기대학교 커피사이언스 주임교수

기존엔 어렵게만 느껴졌던 향미표현을 누구나 쉽고 체계적으로 다가갈 수 있었으며, 향과 맛에 대한 표현의 중요성을 한 번 더 느낄 수 있었습니다.

– 허진하, 롯데GRS 엔제리너스커피 강북지점 총괄과장

Prologue

이 책은 바리스타, 로스터, R&D 부서의 연구원, 그리고 커피팩토리의 QC, QA뿐 아니라 한국의 많은 커피애호가들에게 커피향미분석의 기본 틀을 제공함에 있다. 맛과 향의 기본적인 성질과 인지방법에 대한 전반적인 원리를 보여주며, 이를 통해 커피의 다양한 특성을 객관적으로 분석하여 커피향과 맛, 그리고 품질을 동시에 보장할 수 있는 효과적인 설계서를 제공하고 있다.

식품 향미분석의 역사

오래전부터 사람들은 맛을 분석하면서 소비자에게 선호될 수 있는 중요한 식품의 특성을 찾으려고 노력해 왔다. 그 갈망하는 일들이 미국에서 본격적으로 향미분석 전문가들이 배출되기 시작했으며, 그 시기는 1950년대부터이다. 그리고 이런 향미분석 분야가 보다 과학적이고 전문적인 접근방법을 통해 급속히 발전하게 된 시기는 1980년대부터라고 할 수 있다.

특히 코카콜라, 네슬레 등 글로벌 식품기업들은 보다 명확하고 신뢰도 높은 향미분석 방법을 통해 지속 가능한 품질관리뿐만 아니라, 소비자들의 기호도를 알기 위해 노력해 왔다. 그리고 그에 따라 처음에는 한두 명의 전문가에서 나아가 통계적으로도 의미 있는 결과를 도출할 수 있는 규모의 평가그룹을 형성하게 되었다. 이를 통해 신제품 개발이나 품질관리 분야의 카테고리가 본격적으로 정착되기 시작하였다.

Coffee : 레드오션 → 블루오션

전 세계 커피시장은 급격히 팽창하고 있으며, 그만큼 소비자들의 선택폭도 예전에 비해 넓어졌다. 그동안 스타벅스에서나 커피다운 커피를 먹을 수 있는 줄로만 알았던 것이 언제냐는 듯, 지금은 문밖을 나가면 건물마다 두세 개씩의 커피전문점이 자리잡고 있다. 심지어 일반 편의점에서도 커피전문점의 브루잉커피 못지않은 수준 높은 커피를 어렵지 않게 접할 수 있다. 이런 치열한 경쟁시장에서 자신의 커피가 소비자에게 두 번 이상 선택될 가능성은 매우 희박해지고 있으며, 커피시장은 질적인 측면에서 점점 레드오션으로 가는 것처럼 보이기도 한다. 이런 위기를 타파하고 소비자에게 꾸준히 선택받기 위해서는, 소비자의 기호를 충분히 이해하고 객관적인 기호분석 결과를 바탕으로 하여 제품을 개발하고 효과적으로 마케팅을 할 수 있어야 한다.

안타깝게도 이런 커피향미분석에 대한 필요성에도 불구하고, 아직도 국내에서는 커피향미분석을 정식으로 교육해 줄 기관이 부족한 실정이다. 학계, 연구소, 국가가 함께 노력하여 식품 전반의 향미분석 기초가 되는 정보를 시장에 제공해 줄 수 있을 때에 커피시장의 성장이 지속가능할 수 있다.

독자분들 중에는 자신이 향을 잘 구분하지 못한다거나 또는 맛을 혼란스러워 하며 경험도 없고 향미의 표현에 서투른데, 과연 이 책을 통해서 향미분석에 익숙해질 수 있게 될지에 대한 의문이 들 수도 있다. 역시 필자도 저명한 국제 조향사에게 똑같은 질문을 한 적이 있었다. 결과로, 조향사를 통해 확인할 수 있었던 것은 유전적으로 향과 맛에 예민하게 태어난 사람만큼은 아니더라도, 체계적인 교육과 반복된 훈련을 통해서 누구나 향미전문가로 거듭날 수 있다는 것이다.

이 책이 많은 바리스타Barista와 로스터Roaster를 포함한 많은 커피 애호가에게 좋은 지침서가 될 수 있기를 바라는 마음이며, 또한 이 책이 세상에 나올 수 있도록 배려하고 도와주신 모든 분들께 감사의 마음을 선한나.

안중혁

Coffee Tasting

커피 애호가에게 커피테이스팅이란…
커피는 사람과 사람을 연결해 줍니다.
나누는 이야기만큼이나 풍성하고 다채로운 커피향을 즐길 줄 아는 당신,
제대로 알고 제대로 즐기세요!

바리스타에게 커피테이스팅이란…
바리스타는 커피업계의 셰프입니다.
커피향과 맛이 기대한 만큼 잘 추출되었나요?
이제 커피향을 통해 고객과 당신만의 공감대를 형성해 보세요.
보다 전문적이고 차별화된 최상의 음료를 제공하세요.
인기폭발! 재방문 증가!! 매출증대!!!

로스터에게 커피테이스팅이란…
한 잔의 완벽한 커피를 위한
최고의 원재료를 만들어내는 중요한 작업을 하는 당신,
이제 향을 통해 최상의 로스팅 포인트를 찾아보세요.

커피 교육자에게 커피테이스팅이란…
교육자의 필수덕목은 객관화된 자료에 입각해야 한다는 것입니다.
커피테이스팅은 교육자가 객관성을 유지하고 칼리브레이션 하는 작업을 용이하게 해 줍니다

CONTENTS

CHAPTER 1

커피향미분석이란?

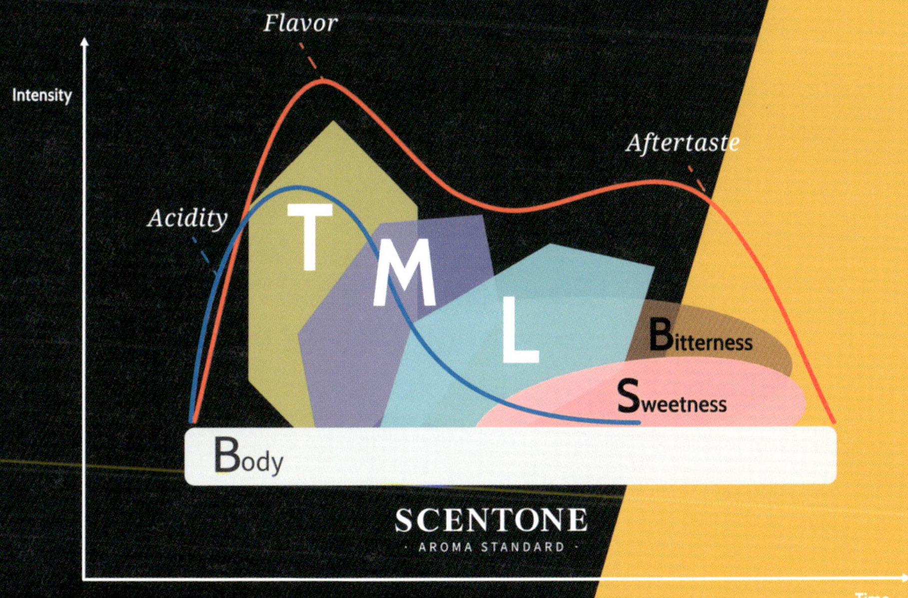
Flavor
Intensity
Aftertaste
Acidity
T
M
L
Bitterness
Sweetness
Body
SCENTONE
· AROMA STANDARD ·
Time

01 커피향미분석의 목적과 실제

커피향미분석의 첫걸음인 커피향미분석 교육의 목표는 시각, 후각, 미각, 청각 그리고 촉각 등을 이용하여 커피에서 발현되거나 그럴 것이라고 예상되는 향과 맛, 특성의 차이를 인지하며 구분하고 묘사할 수 있게 하는 것이다. 아울러 정성 · 정량적으로 측정 · 분석하여 이를 바탕으로 커피의 장점을 극대화하여 선호도 높은 커피를 개발할 수 있는 각 분야의 전문가를 양성하는 목적도 있다. 또한 이런 전문가들은 커피의 특징을 찾아내는 다양한 테스트에서 미세한 차이도 찾아내고 분석할 수 있는 능력을 증진시켜 주며, 커피향미분석에 대한 기본지식을 갖게 되어 결과적으로 신뢰할 만한 결과를 도출시킬 수 있다.

현재 3세대 커피시장에서는 이런 체계적인 커피향미분석 교육을 받은 차별화된 바리스타를 원하고 있으며, 이를 통해 커피의 중요한 구성요소인 향과 맛을 객관적으로 구분, 인지 그리고 묘사하여 소비자들에게 온전Perfection에 가까운 커피를 보장할 수가 있다. 아울러 세계의 여러 생산지에서 생산된 다양한 커피들을 평가하고, 이를 객관적으로 점수화함으로써 보다 대중적으로 선호되는 커피음료를 개발할 수 있는 능력을 익힐 수 있는 기반이 될 수 있다.

과연 커피란 무엇일까? 매일 전 세계 인구의 70~80%가 음용하며 세계적 음료인 '콜라'보다도 더 높은 판매량을 보여주고 있는 커피란 무엇일까? 혹자는 '예술'이라고 할 수도 있고, '문화' 또는 '신의 선물'이라고도 할 수 있을 것이다. 하지만 필자는 굳이 '커피는 향과 맛의 과학'이라 표현하고 싶다.

콜라는 기호식품! 커피는 기호식품?

'Favorite Food'라 불리는 기호식품을 이야기할 때, 콜라와 커피를 빼놓을 수 없다. 이런 기호식품은 간식 · 군것질 · 주전부리 등의 다양한 이름을 가지고 있으며, 이름만큼 다양한 정의가 있지만 일단 '독특한 향미가 있어 기분을 돋우는 식품'이라고 정의한다.

이러한 기호식품은 소비자에게 다양하게 선택되는데, 주관적인 선호도가 중요하게 작용한다. 기호식품이 지극히 주관적인 선호에 의한 것이라면, 수천 가지의 음료 중에서 유독 콜라가 세계인들의 입맛을 단숨에 사로잡고, 130여 년 이상 변함없이 사랑받을 수 있었던 이유는 무엇일까?

> 팸버튼(J. S. Pemberton) 박사는 1886년에 미국의 어느 한 시골의 조그만 약국에서 소프트 드링크를 개발하게 되었다. 당시에는 하루에 9잔 밖에 팔리지 않으며 세간에서 주목을 받지 못했으나, 현재 이 음료는 하루에 자그마치 20억 잔 이상이 팔리고 있으며, 세계인들의 가장 사랑받는 음료가 되었다. 비록 한국인들에게는 콜라 소비량이 아주 높은 편이 아니지만, 콜라는 전 세계 인구의 1/4 가량이 매일 마신다 해도 과언이 아닐 것이다.

필자가 한국의 〈코카콜라〉에서 근무할 때, 신제품 개발업무를 하면서 알게 된 답은 의외로 간단했다. 코카콜라를 포함하여 많은 사람들에게 사랑 받는 제품들은 개인의 주관적인 기호가 아니라, 수많은 소비자 조사를 통하여 탄생한 지극히 '과학적인 식품'이라는 것이다. 〈코카콜라〉에서 생산되는 대부분의 제품들은 설탕과 구연산 등 원료 0.01g까지의 미세한 용량도 정확히 정량하여 언제 어느 곳에서나 한결같이 소비자들의 기호를 만족시켜 주었다. 그래서 필자는 콜라와 커피는 세계인들이 가장 사랑하는 기호식품이자 '과학의 결정체'라고 표현하였다.

어떤 식품을 막론하고 단지 달콤하거나 또는 새콤한 식품은 금방 질리기 마련이다. 그에 반해 새콤달콤한 식품의 경우에는 오히려 먹다가 남기는 것이 불가능할 정도로 중독성이 강하다. 우리가 굳이 배고픈 배를 움켜지고서라도, 긴 줄을 기다려서라도 먹어야만 하는 맛집은 오랜 경험을 바탕으로 발견한 나름의 과학적인 노하우Know-how가 담겨 있는 것이다. 바로 식품의 특성에 맞는 향과 맛의 과학적인 황금비율로 인한 것이다. 한 예로, 한국인들의 식탁에 빠질 수 없는 김치를 보면, 짠맛과 신맛의 적절한 비율이 사람들의 식욕을 더욱 북돋운다.

이렇듯 소비자의 입맛을 사로잡는 제품을 개발하는 핵심 프로세스는 체계적이고 과학적인 향미분석을 기반으로 한다. 같은 맥락에서 최근 몇 년 동안 커피업계가 급속히 성장하면서 체계적인 향미분석에 대한 관심이 높아지고 있다. 이는 기업뿐 아니라 개인별로 다양한 향미분석 활동이 이루어지고 있는 것이다. 최근 전반적으로 커피시장에 불어오는 소위 커핑Cupping이라든지 커피테이스팅Coffee Tasting에 대한 열기를 보면 잘 알 수가 있다.

02 3세대 커피

2000년 전 · 후부터 현재까지 우리 모두는 3세대 커피시장The 3rd Wave과 함께 하고 있다. 3세대 커피시장을 구성하는 가장 중요한 요소는 첫 번째로, 스페셜티 커피Specialty Coffee이며, 그와 함께 커피의 특징에 맞는 두 번째의 적절한 로스팅, 그리고 첫 번째와 두 번째의 조건에 부합하는 세 번째의 추출기구를 통해 온전하게 고급커피가 갖고 있는 개성을 전달한다는 것이 바로 3세대 커피의 모티브이다.

3세대 커피의 개성은 주로 향이나 맛을 통해 발견될 수 있는데, 특히 향을 중심으로 하여 커피를 구분할 정도로 커피향이 매우 중요한 요소로 자리잡고 있다. 따라서 지속 가능한 3세대 커피시장에 대해서 언급할 때, 가장 큰 원동력의 하나로써 커피향미분석을 빼놓을 수가 없다.

Coffee

3세대 커피 : 스페셜티 커피 + 적절한 로스팅 + 좋은 개성을 살리는 추출기구

필자가 태어나기 전부터 미국과 일본을 중심으로 시작되었던 1세대 커피의 경우는, 우리가 흔히 말하는 장인 커피(마에스트로 커피)를 일컫는다. 지금도 일본에서는 100세가 넘어도 변함없는 커피맛을 선보이는 커피 장인이 존재한다. 이는 1960년대 전 · 후에 강배전을 중심으로 한 트렌드를 말한다. 반면, 2세대 커피는 1980년대를 중심으로 급성장한 프렌차이즈 커피를 말하며, 1971년에 문을 연 스타벅스가 그 대표적이라 할 수 있다.

스페셜티 커피

최근 전 세계가 스페셜티 커피Specialty Coffee에 열광하고 있다. 이러한 스페셜티 커피의 열풍이 단지 순간적인 트렌드가 아님은 확실하다. 현재 믹스 커피가 주류인 한국 전체의 커피시장에서 스페셜티 커피가 차지하는 양은 아직 많지 않지만, 최근 커피가 소비되는 패턴과 그에 따른 다양한 연구활동을 보면 몇 년 후에 한국시장이 전 세계 스페셜티 커피시장에서 차지하는 비중은 더욱 커지고 의미 있는 역할을 하게 될 것이다. 또한 한국 커피헌터들이 이전보다 활동반경이 넓어지면서 훨씬 다양한 산지를 방문함으로써 이전에는 접하기 어려웠던 고급, 소량의 생두들도 다양한 채널을 통해 소비자들에게 소개되고 있다.

반면, 스페셜티 커피에 대한 소비자들의 준비와 이해도가 높지 않은 상태에서 무턱대고 스페셜티 커피가 좋다고 다가서는 것은 오히려 시장에 역행하는 행위일 수 있다. 따라서 스페셜티 커피의 가장 큰 특징인 향과 맛을 체계적으로 분석하여 소비자에게 제대로 설명하고 전달함으로써 즐겁게 알고 마실 수 있도록 하는 바리스타의 역량이 매우 절실하다.

> Coffee
>
> '스페셜티 커피'란 어휘 자체는 1978년 미국의 크누첸 커피사의 에르나 크누첸(Erna Knutsen) 여사가 처음으로 사용하였으며, 와인의 떼루아처럼 기후적·지리적 조건이 특별한 향미를 지닌 스페셜티 커피를 만들어낸다고 정의하였다.

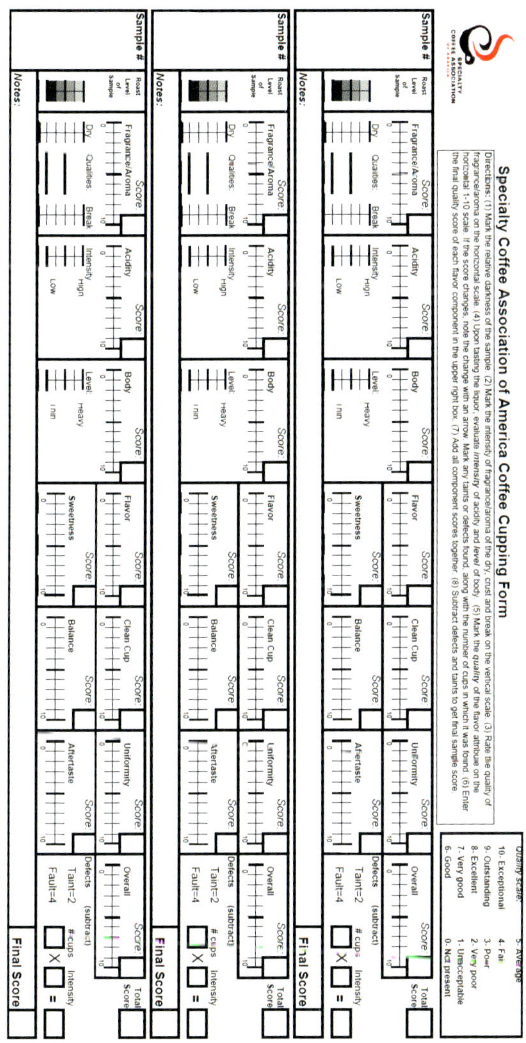
Specialty Coffee Association of America Coffee Cupping Form
Quality scale:
10- Exceptional
9- Outstanding
8- Excellent
7- Very good
6- Good
5- Average
4- Fair
3- Poor
2- Very poor
1- Unacceptable
0- Not present
Sample #
Roast Level of Sample
Fragrance/Aroma
Acidity
Body
Flavor
Sweetness
Clean Cup
Balance
Uniformity
Aftertaste
Overall
Defects (subtract)
Taint=2
Fault=4
# cups
Intensity
Total Score
Final Score
Notes:

SCAA 커핑폼

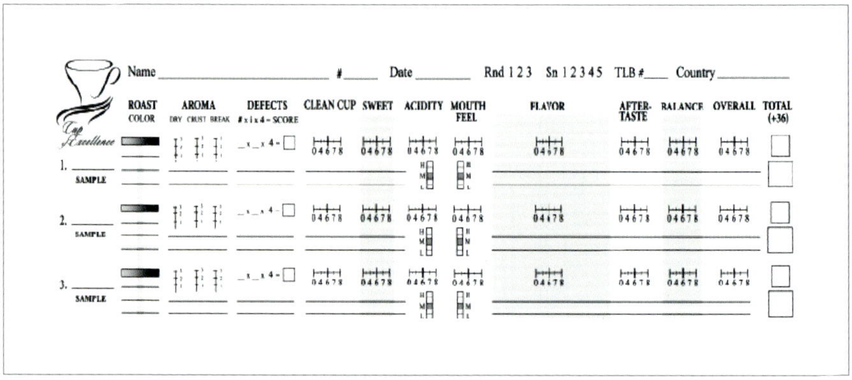

Name ______ # ___ Date ______ Rnd 1 2 3 Sn 1 2 3 4 5 TLB # ___ Country ______

	ROAST COLOR	AROMA (DRY CRUST BREAK)	DEFECTS (# x i x 4 = SCORE)	CLEAN CUP	SWEET	ACIDITY	MOUTH FEEL	FLAVOR	AFTER-TASTE	BALANCE	OVERALL	TOTAL (+36)
1. ___ SAMPLE			_ x _ x 4 =	0 4 6 7 8	0 4 6 7 8	0 4 6 7 8 (H M L)	0 4 6 7 8 (H M L)	0 4 6 7 8	0 4 6 7 8	0 4 6 7 8	0 4 6 7 8	
2. ___ SAMPLE			_ x _ x 4 =	0 4 6 7 8	0 4 6 7 8	0 4 6 7 8 (H M L)	0 4 6 7 8 (H M L)	0 4 6 7 8	0 4 6 7 8	0 4 6 7 8	0 4 6 7 8	
3. ___ SAMPLE			_ x _ x 4 =	0 4 6 7 8	0 4 6 7 8	0 4 6 7 8 (H M L)	0 4 6 7 8 (H M L)	0 4 6 7 8	0 4 6 7 8	0 4 6 7 8	0 4 6 7 8	

COE 커핑폼

1) SCAA 커핑폼

근래에 전 세계에서 가장 인정받고 있는 커피의 향미평가 방식은 SCAA(미국스페셜티협회)와 COE(컵 오브 엑셀런스) 방식이 있으며, 또 다른 대표적 방식인 SCAJ(일본스페셜티커피협회)은 COECup of Excellence를 근간으로 한다.

SCAASpecialty Coffee Association of America, 미국스페셜티커피협회는 커피의 품질을 좀 더 체계적으로 관리하기 위해 CQICoffee Quality Institute 기관을 따로 두어 생두품질평가 기준을 제시하고 있다. 대중적으로 많이 활용되고 있는 CQI 기준으로 스페셜티 커피로 인정받기 위해서는 다음과 같이 3가지를 동시에 충족해야 한다. 그러나 커핑 스코어가 80점을 넘겼다고 하여 무조건 스페셜티 커피라고 말하는 것은 이른감이 없지 않다.

- Green Grading : Pass
- Roasted Grading : Pass
- Cupping Score ≧ 80

2) COE

COE는 SCAA와 비교하여 볼 때 주로 소량생산Micro Lot을 기준으로 하며, 점수를 내어 등수를 매긴다. 이 프로그램은 개발도상국의 자립을 위해 시작된 프로젝트로 대략 10여 개국이 참여하고 있다. 가끔은 등수에 걸맞지 않게 맛이 떨어진다는 얘기를 종종 듣기도 하지만, 최상급 커피의 가치만을 따로 매기는 방식으로 그 규모와 참가국의 숫자는 계속 증가하고 있다. COE에서 상위 입상한 커피를 이제는 제법 한국에서도 어렵지 않게 접하게 되었으며, 중국에서도 최근 경매에 참여하여 일부 커피콩을 모두 사들이고 있다. 이는 앞으로도 중국인들의 COE 참여가 점점 증가하고 많은 상급 커피를 선점할 것으로 보인다.

Coffee

커피계의 로마네 콩티 : 파나마의 에스메랄다 게이샤

대표적인 스페셜티 커피로는 파나마의 에스메랄다 게이샤(Esmeralda Geisha)를 예로 들 수 있다. 필자도 매우 좋아하지만, 너무 비싼 이유로 1년에 한 번 먹기도 힘들다. 이 커피는 1931년 에티오피아에서 처음 발견되었으며, 1953년 코스타리카로 건너간 후 파나마로 옮겨 심어졌다.

이 커피는 얼그레이 또는 부케의 아로마 특징과 롱 에프터 테이스트(Long Aafter Taste)를 특징으로, 2004~2007년 연속적으로 'Best of Panama'로 뽑히게 되면서 세계에서 가장 비싼 스페셜티 커피로 자리잡게 되었다.

기회가 된다면 꼭 마셔보길 권한다. 굳이 이 게이샤를 와인과 비교한다면 로마네 콩티(Romané Conti)와 동급이라고 볼 수 있다.

커피향미분석의 활용

1) 커피의 신메뉴 개발

R&D부서는 향미분석을 통하여 커피 신메뉴의 특성과 소비자 기호도를 조사할 수 있다.

2) 커피의 품질개선

향미분석을 통하여 기존의 커피제품과 비교하여 개선되었거나 뛰어난 부분을 알 수가 있다.

3) 원가절감 및 공정개선

커피 팩토리에서는 기존의 커피콩을 대체하여 커피제품을 만들 때, 기존 커피의 향과 맛의 차이를 비교하여 질적인 동등성 비교가 가능하다. 또한 품질향상 또는 원가절감을 위해 공정을 개선하는 경우, 기존제품의 품질과 동등성 비교가 가능하다.

4) 커피의 품질관리

향미분석을 통하여 품질관리를 통하여 균일한 품질의 제품이 소비자에게 전달 될 수 있다. 이는 저장 및 유통 시에 품질변화를 체크하여 유통기한을 정확하게 측정하여 변패된 제품이 소비자에게 제공되지 않도록 한다.

5) 커피의 마케팅

신뢰할 수 있는 향미분석 결과를 바탕으로, 신메뉴 마케팅 및 경쟁제품과 차별화된 포인트를 찾아 전략을 세워야 한다.

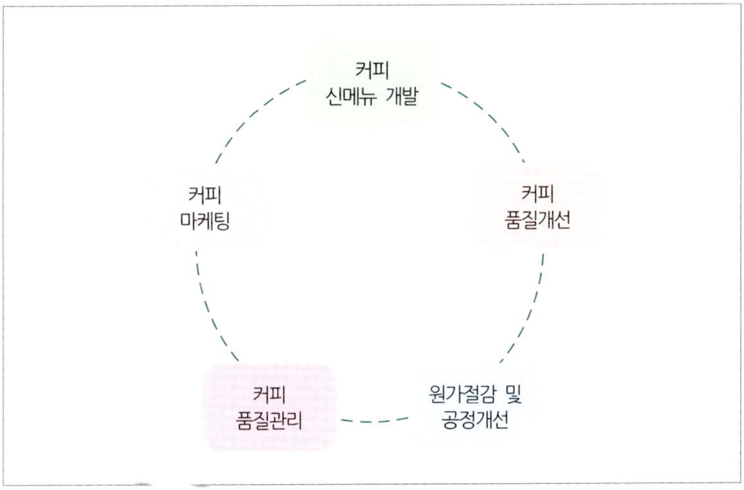

커피향미분석의 활용

CHAPTER

2

커피향미분석 기초훈련

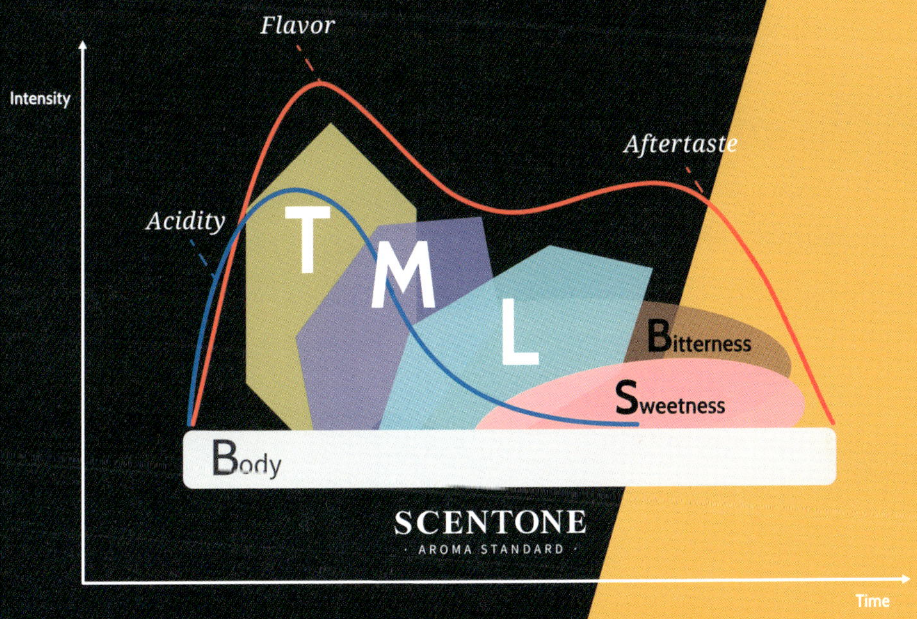
Flavor
Intensity
Aftertaste
Acidity
T
M
L
Bitterness
Sweetness
Body
SCENTONE
· AROMA STANDARD ·
Time

후각 트레이닝

1) 후각

(1) 향기는 커피의 신분증

누구나 한 번쯤은 불현듯 낯선 이성에게 나도 모르게 끌리는 감정을 느껴본 적이 있을 것이다. 그리고 어떤 경우에는 좋지 않은 냄새 하나로 상대방의 이미지나 호감도가 떨어지는 느낌을 받은 적도 있을 것이다. 이와 같이 냄새라는 것이 그 사람에 대한 이미지를 결정하는 데 매우 중요한 역할을 한다는 것을 부정할 수는 없을 것이다.

우리가 즐겨 마시는 커피는 더욱더 그렇다. 어떤 향을 발현하느냐에 따라 그 커피에 대한 호감도가 달라지고, 심지어 이러한 향 때문에 실제로 커피의 등급이나 가격이 결정되기도 한다.

"커피는 맛이 아니라 향이다!"

종종 간과하기 쉬운 부분이지만, 맛 좋은 커피를 언급할 때 대부분 우리는 커피향에 대해 이렇게 말하고 있다. 물론 커피의 특징을 정의할 수 있는 방법은 매우 다양하겠지만, 커피가 갖고 있는 고유의 향이야말로 커피의 정체성을 가장 잘 보여줄 수 있는 신분증과 같은 역할을 한다. 가끔은 잘못된 가공과정이나 보관, 로스팅 또는 추출방법으로 인해 커피의 향이 변질되거나 온전히 발현되지 못해, 원래의 커피가 아닌 다른 커피로 오해받는 경우를 역시 흔하게 볼 수 있다. 따라서 소비자들이 기호도 높은 커피를 제대로 이해하기 위해서는 커피향에 대한 이해가 궁극적으로 선행되어야 한다.

(2) 커피 조향사

커피를 포함한 식음료 전 분야에 걸쳐 조향사Flavorist라는 직업이 가장 부각되고 있다. 현재 글로벌 조향회사에서 인정받고 활동하는 조향사는 전 세계에 400여 명 정도가 있다.

보통 5년 정도의 트레이닝을 통해서 주니어Junior 조향사로 인정받을 수 있고, 10년 가량 더욱 커리어를 쌓아서 명망 있는 시니어Senior 조향사가 될 수 있다. 한국에서도 이러한 조향사는 소비자들의 기호가 다양하고 세분화되면서, 그 역할이 더욱 중요해지고 있다.

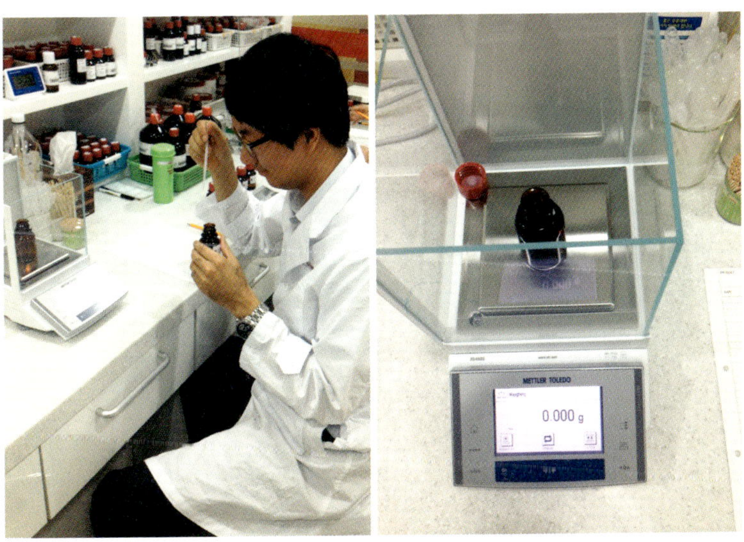

글로벌향료회사 연구소

커피 조향의 예

(3) 커피향은 바리스타의 공통언어

우리가 외국사람들과 의사소통에 많은 어려움을 겪는 이유는 나라마다 쓰고 있는 언어가 다르기 때문이다. 같은 맥락에서 독일의 사과향과 한국의 사과향이 그 뉘앙스와 성분이 다르기 때문에, 그들이 생각하는 사과와 우리의 사과는 다른 것이다. 그럼에도 우리는 단순히 다 같이 '사과'라고 부른다.

즉 식음료 분야에서 향이 언급될 때에 누구나 공감할 수 있는 공통 플랫폼, 즉 일종의 공통언어를 통해 혼돈되는 상황을 줄이는 것이 중요하다. 따라서 다양한 식품에 대한 범국가적인 의사소통을 위해 공통적인 언어를 제시하고자 전문가들에 의해 다양한 휠Wheel이 개발되어 위와 같은 문제를 극복하고자 노력하고 있다.

커피향미분석을 할 때도 이와 별반 다르지 않다. 커피향은 바리스타에게 일종의 언어와 같은 것이다.

자료 : https://counterculturecoffee.com/learn/coffee-tasters-flavor-wheel

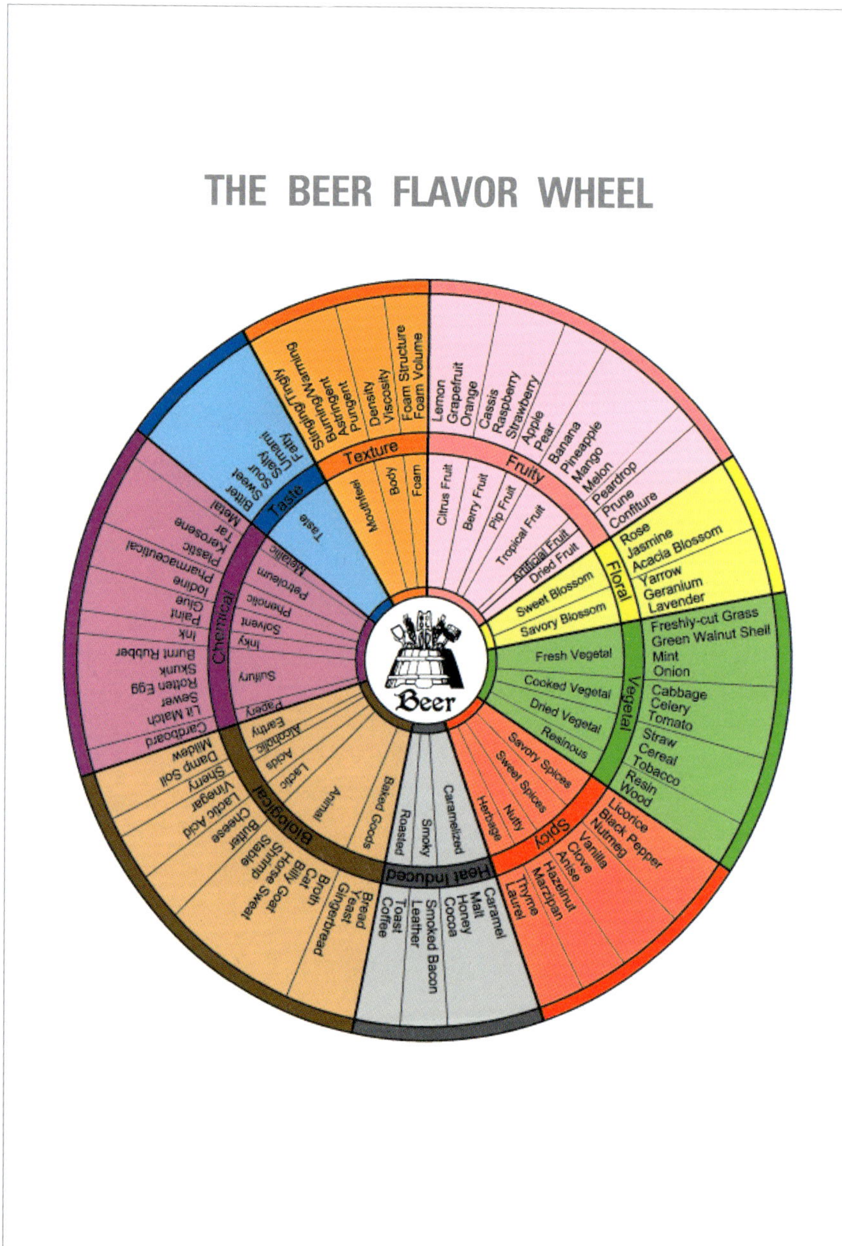

자료 : https://beersensoryscience.wordpress.com/2010/11/05/the beer flavor wheel

Flavour Wheel for Maple Products

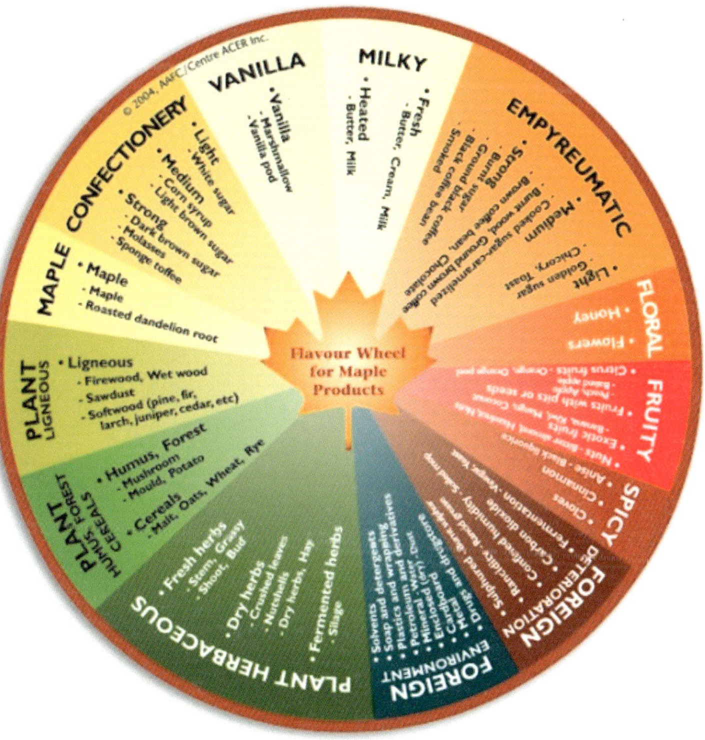

자료 : http://www.agr.gc.ca/eng/science-and-innovation/research-centres

Whisky Flavor Wheel

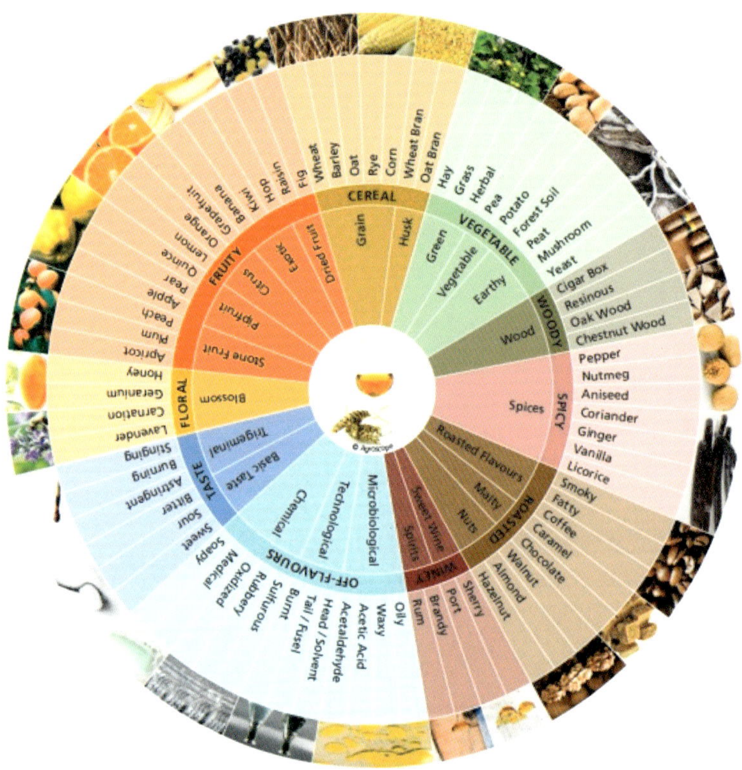

자료 : http://www.whiskymag.com/nosing_course/part3.php

(4) 후각의 인지메커니즘

① 향의 분류

헤닝Henning, 1924의 후각 프리즘Henning Prism에 따르면, 냄새 종류는 매우 많으며, 이를 나타내는 표현도 여러 가지가 있다. 그 중에서 대표적인 기준법 중의 하나인 헤닝은 아래와 같이 분류표를 제시하였다.

단일향을 기준으로 볼 때, 모든 종류의 향을 여섯 가지 카테고리로 설정하고 이것을 바탕으로 후각 프리즘을 만들어 배치시켰다. 헤닝은 지구상의 모든 냄새가 프리즘의 여섯 위치에 있다는 주장을 펼쳤으나, 안타깝게도 이내 실험설계에 모순이 있음이 드러났다.

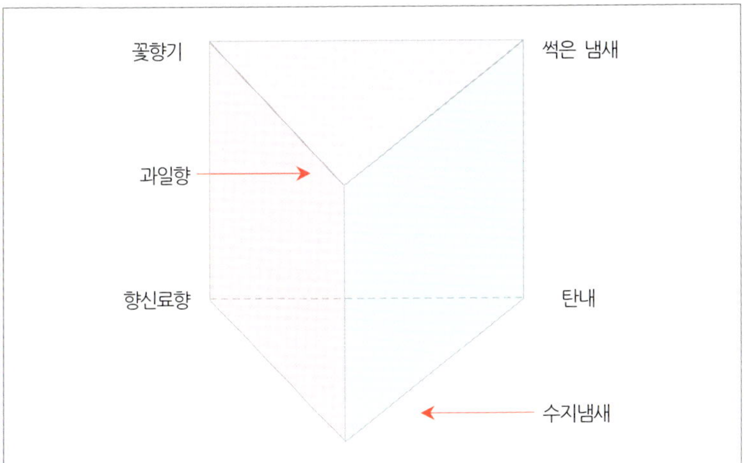

후각 프리즘

이 밖에도 역사적으로 과학적 냄새 분류법을 제시한 과학자들이 꽤 있었다. 그들은 대부분 향기 자체의 좋고 나쁨보다는, 향기의 종류로 인해 인간에게 기능적 · 심리적으로 어떤 영향을 주는지가 관심사였다. 하지만 지금에 이르러 식품에서 향은 기능적이거나 영양적인 측면보다는 식품의 선호 · 기호를 결정해 주는 요인으로 자리잡고 있다.

즉 향은 '즐거움을 주는 향'과 '불쾌감을 주는 향'으로 크게 구분하고 있다. 특히 커피에서 향기성분들은 재배과정, 가공방법, 보관상태, 그리고 로스팅방법에 따라 매우 다양한 변화가 일어나기 때문에, 불쾌감을 주는 이취Off-taste를 줄이고 즐거움을 주는 향을 많이 발현시켜 오랫동안 유지시킬 수 있는 방법을 찾고자 끊임없는 노력을 하고 있다.

② 커피향의 인지메커니즘

A. 커피에 5,000여 가지 이상의 향기가 있다?

파나마 에스메랄타게이샤 GC(MS-O) 분석중

최근 GCGas Chromatography, LCLiquid Chromatography 등 다양한 분석기기의 발달과 저명한 과학자들에 의해 커피 속에는 5,000여 가지가 넘는 향기성분들이 포함되어 있다는 것이 밝혀졌다.

어떻게 5,000여 가지 이상의 향기가 있다는 것일까? 당장 알고 있는 꽃향, 허브향, 과일향, 채소향, 견과류향 등을 모두 다 고려해도 어림잡아 100가지를 나열하기가 어렵다. 그런데 여기서 말하는 5,000여 가지 향기란, 우리가 흔히 알고 있는 '딸기'나 '오렌지'라고 하는 향 자체를 말하는 것이 아니라, 향기를 형성하는 일종의 구성성분Chemical Component을 지칭하는 것이다. 따라서 향기의 근원인 구성성분을 이해할 수가 있다면 다양한 커피향에 보다 쉽게 접근할 수 있다.

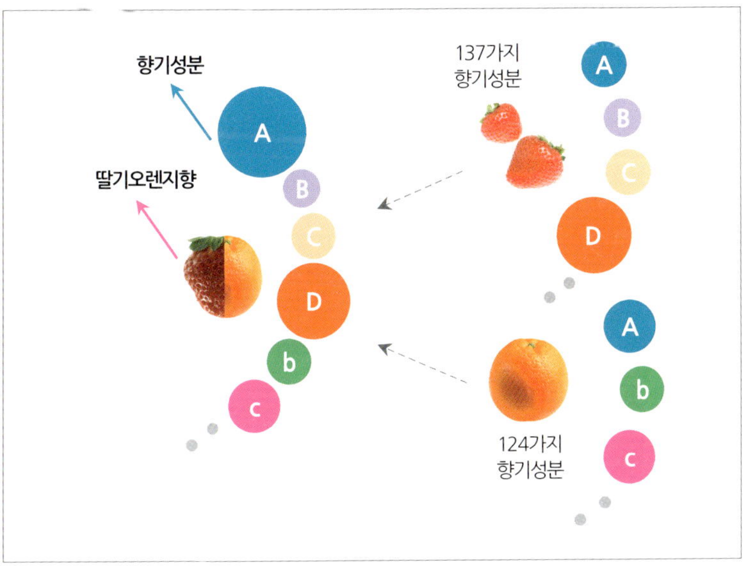

아로마 구성성분

복잡해 보이는 커피향 구성성분을 말하기에 앞서, 보다 쉬운 접근을 위해 친근한 과일을 예로 들어보도록 한다.

위 그림에서 확인할 수 있는 것처럼, 우리가 흔히 말하는 잘 익은 '딸기의 향기'를 분석해 보면, 대략 137개의 향기 구성성분이 모여서 딸기 고유의 달콤한 향을 만들어낸다고 한다. 그리고 오렌지에서 발견된 오렌지 향기의 구성성분은 대략 130개 정도이다.

- 딸기 구성성분 GC 분석결과 : 에틸 뷰티레이트Ethyl Butyrate, 메틸 시나메이

트Methyl Cinnamate, 감마 데칼락톤Gamma Decalactone 등등

- 오렌지 구성성분 GC 분석결과 : 에틸 뷰티레이트Ethyl Butyrate, 에틸 아세테이트Ethyl Acetate, 리모넨Limonene 등등

그렇다면 딸기와 오렌지를 섞어서 마신다면 어떻게 될까? 딸기오렌지 블렌드의 향기성분은 137+130 = 267개일까? 예상한 것처럼 그렇지는 않다. 이런 산술적인 방정식이 항상 성립되는 것은 아니다. 위의 그림처럼 대부분의 과일들은 동일한 또는 비슷한 향기 구성성분을 상당수 공유하기 때문에 137+124 = 261이 아니라, 예를 들어, 137+124 = 193이라는 예상치 못한 숫자가 나올 수도 있다. 가령 그림에서처럼 딸기오렌지 블렌드는 에틸 뷰티레이트라는 향기성분을 공유하여 한 가지 성분으로 인지하게 된다.

이제 어느 정도 향기의 구성성분에 대한 개념을 잡았고, 본격적으로 커피향기의 구성성분을 알아보도록 한다.

B. 우린 이름은 달라도 같은 혈통! 방향족 화합물

커피향에서 가장 많이 언급되는 향기성분에 대해 핵심만 짚고 넘어가 보자. 앞에서 언급된 것처럼, 커피에는 무려 5,000여 가지 이상의 향기성분이 존재한다. 그 중에서 이름은 생소하지만, 커피에서 빈번히 발견되는 향기의 핵심성분인 퓨란, 피라진, 피롤에 대해 알아보도록 한다.

향기성분	퓨란(Furan)	피롤(Pyrrole)	피라진(Pyrazine)
구조식	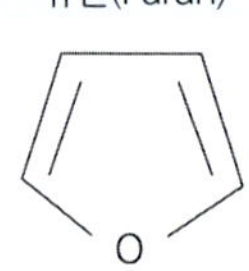	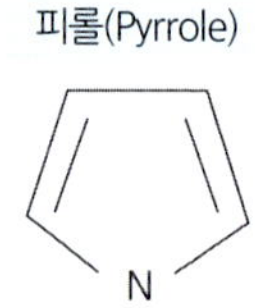	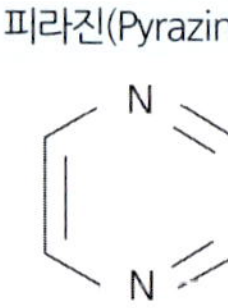
화학식	C_4H_4O	C_4H_5N	$C_4H_4N_2$
향 기	캐러멜 같은 향	채소향	커피볶은향

위의 그림에서 볼 수 있는 것처럼 3가지 핵심 향기성분들은 제각기 다른 구조식과 화학식, 그리고 향기의 특징을 가지고 있다.

딱 봐도 눈길이 가지 않는 복잡해 보이는 모양의 세 가지 향기성분들은 방향족화합물Aromatic Compound이라는 같은 공통점을 지니고 있다. 그리고 일반적으로 방향족화합물 하면 떠오르는 대표적인 것은 바로 벤젠Benzene이다. 따라서 벤젠을 먼저 이해한 후, 위 3가지 향기성분을 다시 본다면 커피의 핵심 향기성분을 훨씬 쉽게 이해할 수 있다.

대표적인 육각형 고리의 방향족화학물인 벤젠은 석유의 성분으로 달콤한 향기를 가지고 있다. 발암물질로 우리에게 잘 알려져 있으며, 흔히 사용하는 테이크아웃 음료뚜껑이 열을 심하게 받을 경우에도 형성될 수 있다. 이 점은 우리가 알아두면 좋을 것 같다.

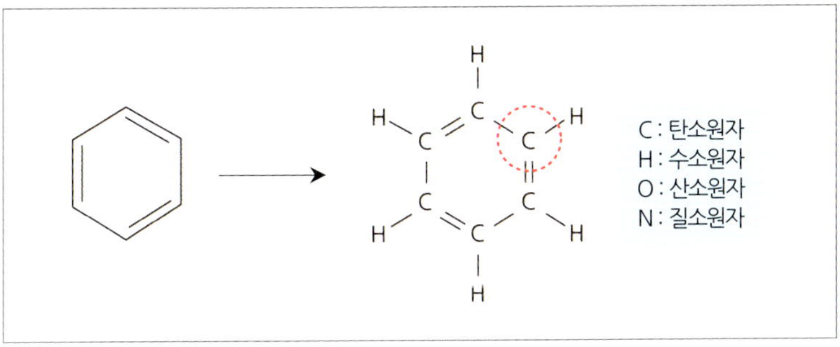

벤젠의 구조와 화학식

대부분 논문이나 책에서 벤젠을 찾아본다면, 그 구조식은 왼쪽처럼 도저히 이해할 수 없는 육각형 기하학적 구조로 표현되어 있을 가능성이 매우 높다.

그러나 아래 2가지 원칙만 알고 있다면 생각보다 원리는 단순하다. 첫 번째, 모든 고리형 구조에서 꼭지점 부분은 항상 탄소원자가 자리하고 있다. 두 번째, 점선으로 표시한 것처럼 하나의 탄소원자에 붙어있는 팔(선)은 꼭 4개여야 한다는 암묵적인 규칙이 있다. 사람의 팔이 2개인 것처럼, 탄소원자의 팔은 4개이다. 이에 따라 구조식을 풀어본다면, 탄소 6개와 수소 6개로 이루어진 C_6H_6 라는 것을 알 수 있다.

이렇듯 구조식에 숨겨진 몇 가지 부분만 이해한다면, 커피에서 알고자 하는 대부분의 화학구조식을 쉽게 이해할 수 있다.

방향족화합물을 포함한 모든 유기화합물에서 탄소원자는 화합물의 뼈대를 형성하여 특징을 나타내는 기반이 되며, 대부분 구조식에 생략되어 표현되지 않는다는 점을 꼭 기억해야 한다. 벤젠의 구조식을 이해하고 같은 논리에서 볼 때, 핵심 향기성분의 구조는 다음과 같은 특징이 있다.

퓨 란	피 롤	피라진
• 캐러멜향 • 5각형 고리 • 탄소원자 4개 산소원자 1개 수소원자 4개	• 채소향 • 5각형 고리 • 탄소원자 4개 질소원자 1개 수소원자 5개	• 볶은커피향 • 6각형 고리 • 탄소원자 4개 질소원자 2개 수소원자 4개

이처럼 커피에서 중요하게 다뤄지는 퓨란, 피롤, 피라진은 같은 혈통, 즉 방향족화합물이지만, 커피에서는 전혀 다른 뉘앙스를 주는 향기성분을 만든다. 오늘 우리가 마시는 커피에서 퓨란을 만날지 피롤을 만나게 될지기대되지 않는가?

C. 분자구조를 보면 커피향의 성격이 보인다!

사람마다 몸무게가 다르듯이, 향기성분에도 체중이 있다. 화학에서는 그 성분의 체중을 분자량Molecular Weight이라고 부르며, 이는 향기의 중요한 성질인 휘발성Volatile을 결정하는 중요한 요인 중 하나이다. 여러 가지 다른 변수가 있을 수 있지만, 일반적으로 분자량이 작을수록 휘발성이 커서 공기중으로 쉽게 날

아간다.

그러면 커피에서 많이 발견되는 또 다른 향기 구성성분인 아세트알데하이드와 말톨의 분자량과 휘발성에 대해 알아보도록 한다. 표에서 보는 것처럼, 아세트알데하이드는 분자량(44)이 비교적 작고 가벼워 휘발성이 크기 때문에, 커피를 마실 때 과일향이 초반에 잠깐 느껴졌다가 어느새 사라지고 잘 느낄 수 없게 되곤 한다.

그에 반해, 말톨은 분자량(126)이 크고 무거워 휘발성이 작기 때문에 커피를 마시는 내내 캐러멜향이 오랫동안 느껴지게 되는 이유가 바로 여기에 있다. 커핑 시 이런 무거운 분자들을 인지하기 위해 슬러핑Slurping기법을 이용하여 입자를 작게 만들어 입 안 전체에 골고루 분사시켜 주기도 한다.

물론 이런 커피성분들의 휘발성을 단순히 분자량으로만 정의할 수는 없지만, 먼저 분자량을 기본으로 하여 무거운 향과 가벼운 향에 대해 구분을 하면, 커피의 다양한 향에 훨씬 쉽게 접근할 수가 있다.

이처럼 커피에는 언급한 핵심성분들 외에도 매우 다양한 향기 구성성분을 포함하고 있는데, 이런 커피 향기성분들이 모였을 때 커피의 정체성과 개성을 만들어낸다.

향기성분	말톨(Maltol)	아세트알데하이드(Acetaldehyde)
구조식		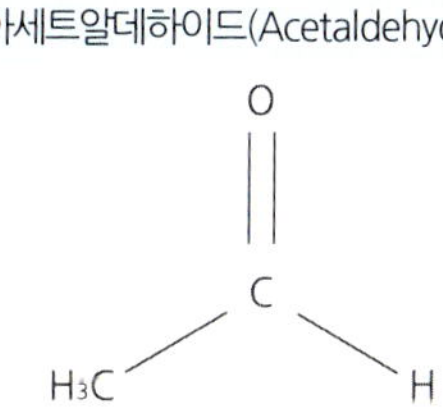
화학식	$C_6H_6O_3$	C_2H_4O
향 기	캐러멜향	과일향
분자량	126	44

원자량 : H(1), C(12), N(14), O(16) / 분자량을 직접 계산해 볼 수 있다.

2) 후각 트레이닝 실전

전문가들의 말에 따르면, 후각 인지능력을 익히는 요령은 기존에 기억되어 있는 향기의 범주에 새로운 냄새의 패턴을 맞추는 법을 배우는 것이라고 한다. 즉 학생들이 각 향기에 대해 자신만의 뉘앙스를 적고 기억하게 하는 데 있다. 작은 차이를 예민하게 기억하는 데 가장 중요한 역할을 담당한다. 그러면 국제적으로 통용되는 커피향의 4가지 카테코리에 대해 알아보도록 하자.

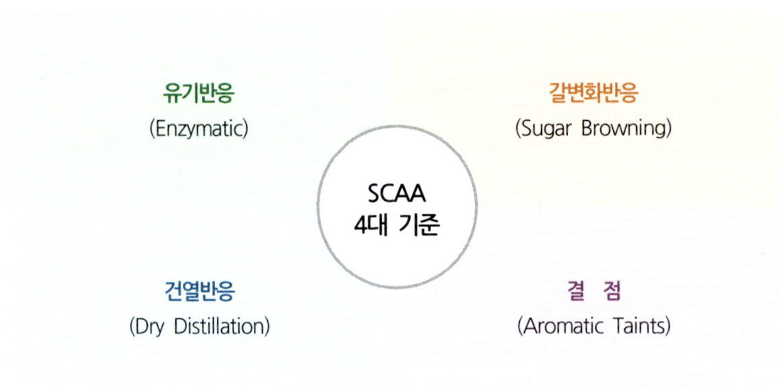

SCAA 4대 기준

① 유기반응Enzymatic

- Herby, Flowery, Fruitty
- 커피의 유기반응으로 생성되며 가벼운 향이다.

② 갈변화반응Sugar Browning

- Nutty, Chocolaty
- 로스팅 시 갈변화반응으로 발현되는 향기군으로써 신선한 커피에서 잘 느껴진다.

③ 건열반응Dry Distillation

- Woody, Spicy
- 로스팅이 과도하게 진행 시에 커피 세포벽이 타면서 나는 향으로써 무거운 향들이 여기에 속한다.

④ 결점Aromatic Taints

- Off-flavor
- 커피 자체의 결점향 또는 변패로 인해 생성된 향이다.

(1) 후각 트레이닝이란?

커피향기의 구분, 인지, 묘사 트레이닝을 통해 자신만의 뉘앙스(인상)를 갖게 한다.

Coffee

후각훈련 3단계

Level 1 : Foundation with Beginner 9

– 대표 9가지 아로마로 시작 → 대표 18 아로마로 확장

Level 2 : Intermediate with Coffee Flavor Map T100, 20~40 아로마

– 대표 20가지 아로마로 시작 → 대표 40 아로마로 확장

Level 3 : Master Aroma Mixture 아로마

① 향을 맡는 방법

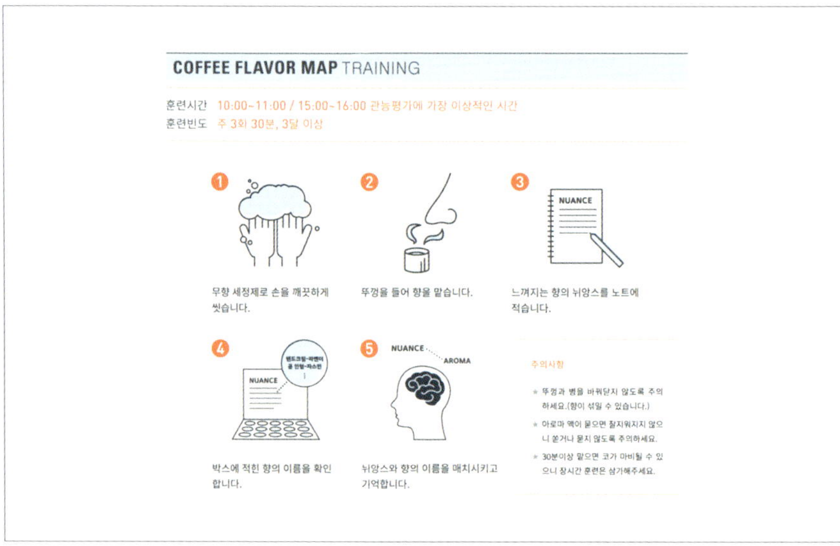

② 뉘앙스 표현

③ 카테고리 분류표

COFFEE FLAVOR MAP T100 LIST

	TROPICAL FRUIT
001	Guava
002	Mangosteen
003	Mango
004	Banana
005	Coconut
006	Passionfruit
007	Watermelon
008	Papaya
009	Tropical Fruit Mix
010	Pineapple
011	Melon
013	Lychee
	BERRY-LIKE
015	Strawberry
016	Blueberry
017	Raspberry
018	Cranberry
019	Blackberry
021	Acai Berry
022	Blackcurrant
023	White Grape
024	Muscat
025	Grape
	CITRUS & OTHER FRUITS
012	Pomegranate
014	Aloe
026	Lemon
027	Orange
028	Lime
029	Citron(Yuja)
030	Grapefruit
031	Chinese Pear
032	Apple
033	Chinese Quince
	STONE FRUIT
020	Acerola
034	Cherry
035	Dark Cherry
036	Peach
037	Plum
038	Apricot
	CEREAL & NUT
040	Hazelnut
041	Walnut
042	Pine Nut
043	Almond
044	Peanut
045	Pistachio
046	Sesame
047	Red Bean
048	Malt
049	Scorched Rice
050	Roasted Coffee Bean
	CARAMEL & CHOCOLATE
051	Caramel
052	Brown Sugar
053	Honey
054	Maple Syrup
055	Milk Chocolate
056	Dark Chocolate
057	Mocha
058	Cream
059	Butter
060	Yogurt
077	Vanilla
	HERB & FLOWER
062	Pine
063	Crataegus(Hawthorn)
066	Earl Grey
067	Rose
068	Jasmin
069	Acacia
070	Elderflower
071	Lavender
072	Bergamot
073	Chrysanthemum
074	Hibiscus
075	Eucalyptus
	SPICE
064	Basil
065	Thyme
076	Cinnamon
078	Nutmeg
079	Clove
080	Cardamon
081	Star Anise
082	Cumin
083	Black Pepper
084	Garlic
085	Ginger
	VEGETABLE
039	Jujube
089	Pumpkin
090	Tomato
091	Cucumber
092	Mushroom
093	Taro
094	Kudzu
095	Ginseng
096	Paprika
	SAVORY & OTHERS
061	Cheddar Cheese
086	Soy Sauce
087	Mustard
088	Mayonnaise
097	Musk
098	Amber
099	Smoke
100	Savory beef

Coffee Flavor Map vol.1 (30)

(2) 초급단계Foundation

① Level 1

<table>
<tr><td>목 적</td><td>9가지 카테고리(향기군) 사이의 뉘앙스 차이를 인지하고 익숙해진다.</td></tr>
<tr><td>준비물</td><td>Beginner 9 커피아로마키트, LV1 카테고리(향기군) 용지</td></tr>
<tr><td>방 법</td><td>(1) 9가지 커피아로마를 'LV1 카테고리 용지'에 맞게 배치한다.
*제한시간 : 10분
(2) 9가지 아로마의 뉘앙스를 3가지 이상 용지에 적는다.
(3) 카테고리 정답을 확인하고 9가지 카테고리의 뉘앙스를 기억한다.
(4) (1)~(3)의 과정을 3회 반복한다.</td></tr>
<tr><td>예 시</td><td>

[카테고리 분류표]
• 카테고리 1 : 허브 & 꽃
• 카테고리 2 : 채소류
• 카테고리 3 : 감귤류
• 카테고리 4 : 열대과일류
• 카테고리 5 : 핵과류
• 카테고리 6 : 베리류
• 카테고리 7 : 곡물 & 너트류
• 카테고리 8 : 캐러멜 & 초콜릿류
• 카테고리 9 : 향신료</td></tr>
<tr><td>채 점</td><td></td></tr>
</table>

PRACTICE

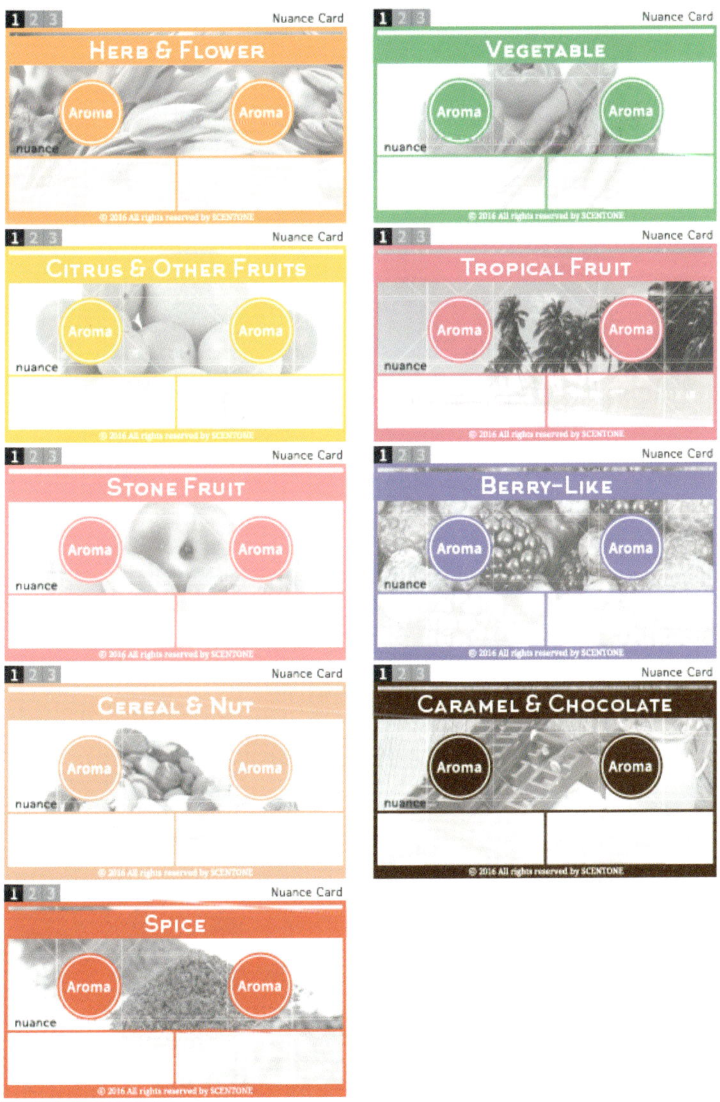

Nuance Card
Herb & Flower
Aroma
Aroma
nuance
Nuance Card
Vegetable
Aroma
Aroma
nuance
Nuance Card
Citrus & Other Fruits
Aroma
Aroma
nuance
Nuance Card
Tropical Fruit
Aroma
Aroma
nuance
Nuance Card
Stone Fruit
Aroma
Aroma
nuance
Nuance Card
Berry-Like
Aroma
Aroma
nuance
Nuance Card
Cereal & Nut
Aroma
Aroma
nuance
Nuance Card
Caramel & Chocolate
Aroma
Aroma
nuance
Nuance Card
Spice
Aroma
Aroma
nuance
© 2016 All rights reserved by SCENTONE

Agilent Technologies
Part Number 9301-0722
NUANCE CARD

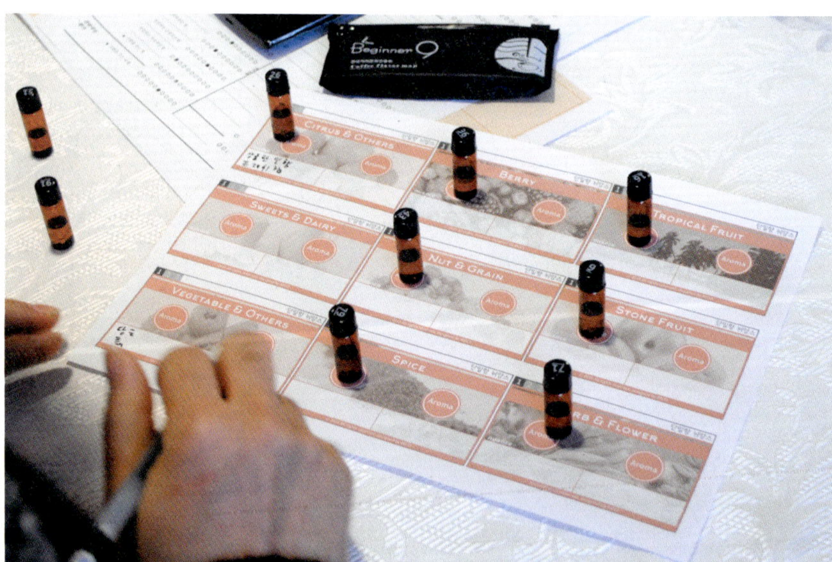
Beginner 9
CITRUS & OTHERS
BERRY
TROPICAL FRUIT
SWEETS & DAIRY
NUT & GRAIN
STONE FRUIT
VEGETABLE & OTHERS
SPICE
Aroma

Scentone

(3) 중급단계Intermediate

① Level 2-1

목 적	10가지 카테고리(향기군) 사이의 후각적 차이를 인지하고 익숙해진다.
준비물	20가지 카테고리 대표 아로마, Level 2-1 카테고리 용지
방 법	(1) 20가지 아로마를 10가지 카테고리(향기군) 용지에 맞게 배치한다. *제한시간 : 10분 (2) 각 카테고리에 2개의 적합한 아로마가 포함되어 있는지 확인한다.
예 시	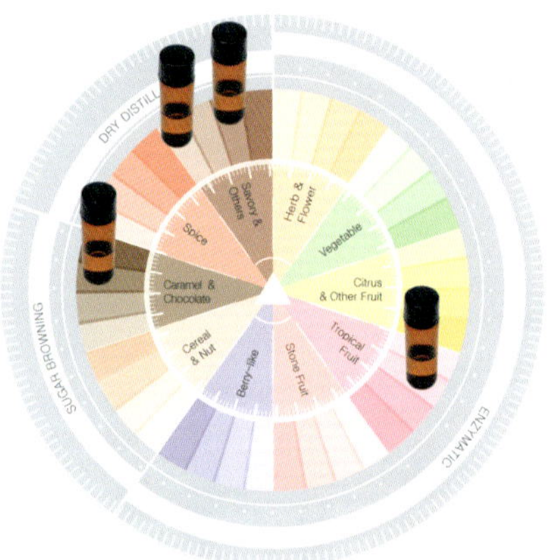 [카테고리 분류표] • 카테고리 1 : 허브 & 꽃 • 카테고리 2 : 채소류 • 카테고리 3 : 감귤류 • 카테고리 4 : 열대과일류 • 카테고리 5 : 핵과류 • 카테고리 6 : 베리류 • 카테고리 7 : 곡물 & 너트류 • 카테고리 8 : 캐러멜 & 초콜릿류 • 카테고리 9 : 향신료 • 카테고리 10 : 세이버리
채 점	

PRACTICE

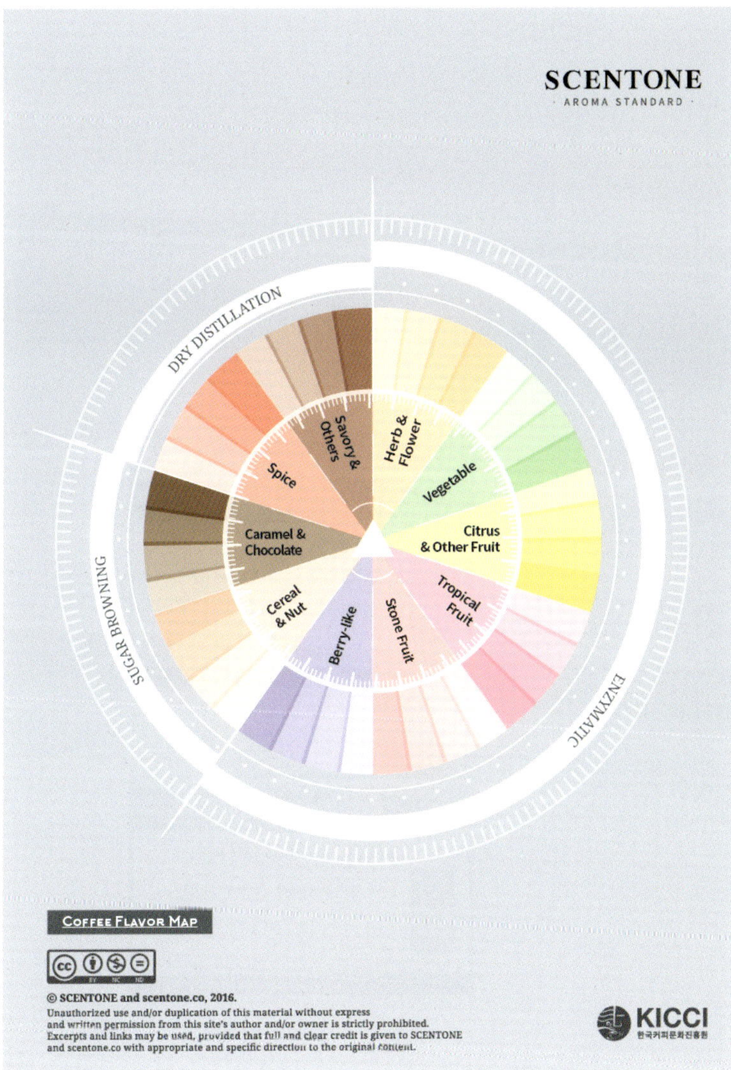
SCENTONE
· AROMA STANDARD ·
DRY DISTILLATION
SUGAR BROWNING
ENZYMATIC
Savory & Others
Herb & Flower
Spice
Vegetable
Caramel & Chocolate
Citrus & Other Fruit
Cereal & Nut
Tropical Fruit
Berry-like
Stone Fruit
COFFEE FLAVOR MAP
© SCENTONE and scentone.co, 2016.
Unauthorized use and/or duplication of this material without express and written permission from this site's author and/or owner is strictly prohibited. Excerpts and links may be used, provided that full and clear credit is given to SCENTONE and scentone.co with appropriate and specific direction to the original content.
KICCI
한국커피문화진흥원

② Level 2-2

목 적	단일향기의 구분, 인지, 묘사에 익숙해지고 자신만의 뉘앙스를 갖게 하는 데 있다.
준비물	(1) 20가지 카테고리 대표 아로마 (2) 뉘앙스카드 20장(A1), 뉘앙스카드 20장(A2), 뉘앙스카드 20장(A3)
방 법	(1) 20가지 카테고리 대표 아로마의 뉘앙스카드(A1)를 작성한다. *제한시간 : 15분 (2) 다른 사람들과 뉘앙스를 서로 공유한다.(정답은 확인하지 않는다) (3) (1)~(2)를 3회 반복한다.(A1 → A3)
예 시	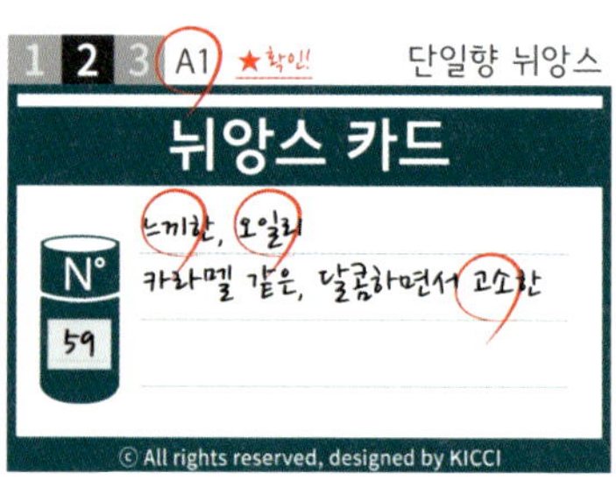 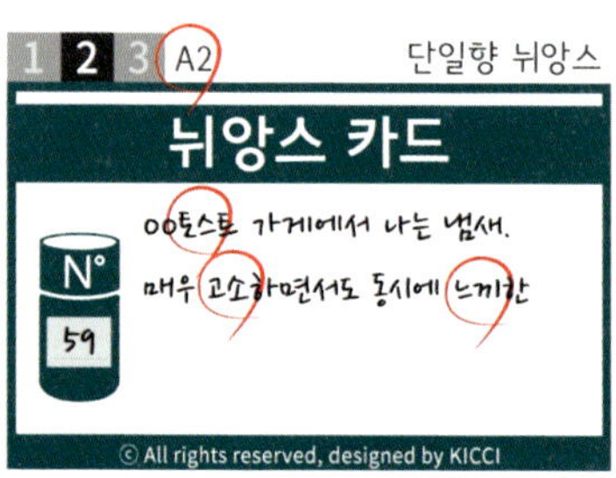
채 점	

PRACTICE

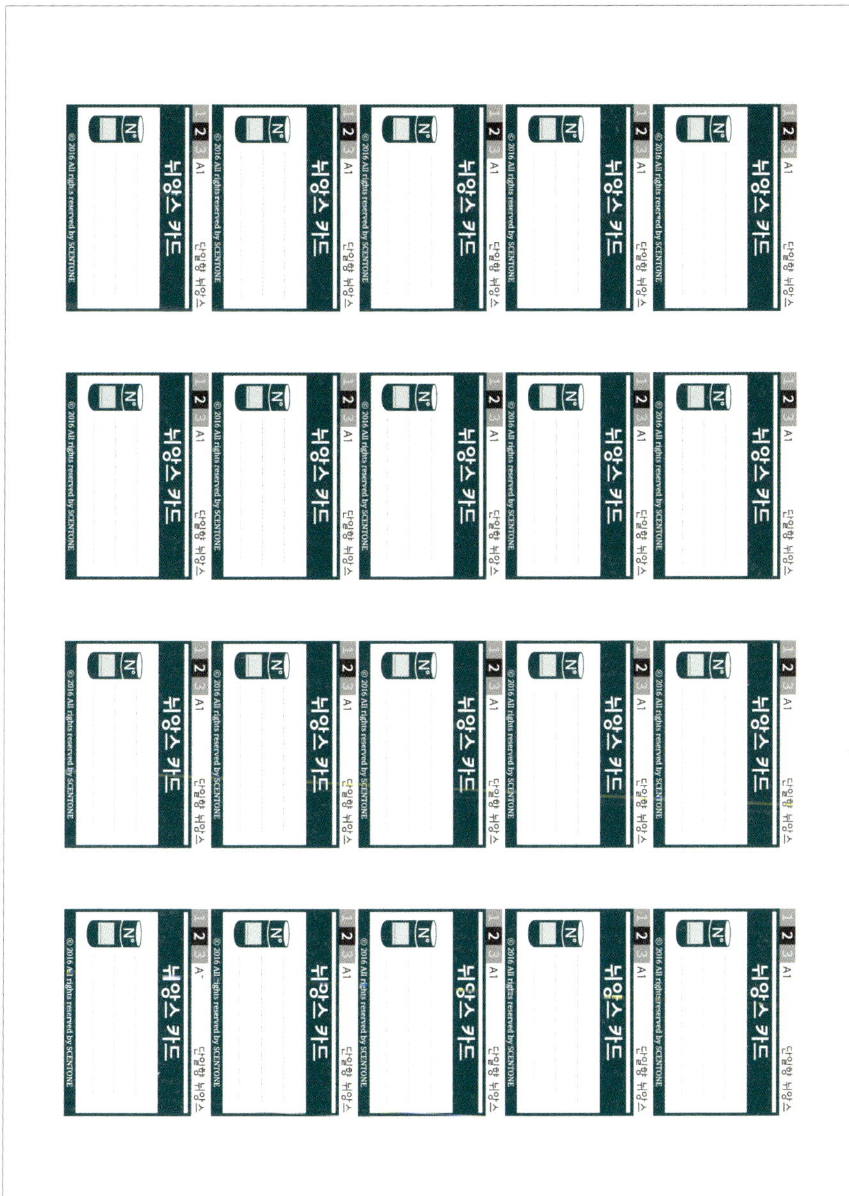

③ Level 2-3

<table>
<tr><td>목 적</td><td>단일향기의 구분, 인지, 묘사에 익숙해지고 차이를 기억할 수 있는 자신만의 인상을 갖게 하는 데 있다.</td></tr>
<tr><td>준비물</td><td>(1) 20가지 카테고리 대표 아로마
(2) 인상카드</td></tr>
<tr><td>방 법</td><td>(1) 뉘앙스카드 A1, A2, A3 중에 동일하거나 비슷한 단어/문장을 선택하여 나만의 인상카드에 작성한다.
(2) 정답 아로마를 확인하고 뒷면에 부합하는 이미지 스티커를 붙인다.
*인상카드에 절대 정답을 적지 않는다.</td></tr>
<tr><td>예 시</td><td>
</td></tr>
<tr><td>채 점</td><td></td></tr>
</table>

PRACTICE

인상 카드
Herb & Flower
Citrus & Others
Stone Fruit & Others
Grain & Nut
Spice
Vegetable
Tropical Fruit
Berry-like
Caramel & Chocolate
Savory & Others
© All rights reserved, designed by KICCI

④ Level 2 Test

<table>
<tr><td>목 적</td><td>단일향기를 신속하게 찾아내고, 계열별로 구분할 수 있는 능력 트레이닝</td></tr>
<tr><td>준비물</td><td>(1) 20가지 카테고리 대표 아로마
(2) 인상카드</td></tr>
<tr><td>방 법</td><td>(1) 인상카드를 충분히 섞는다.
(2) 인상카드를 뉘앙스를 보고 계열별로 2개씩 모아 놓는다.
*제한시간 : 3분
(3) 인상카드 뉘앙스와 매칭되는 아로마를 찾아 올려 놓는다.
*제한시간 : 5분
(4) 정답을 확인하고 채점한다.</td></tr>
<tr><td>예 시</td><td>

</td></tr>
<tr><td>채 점</td><td></td></tr>
</table>

PRACTICE

SCENTONE
Spice
Savory & Others
Herb & Flower
Vegetable
Citrus & Other Fruit
Tropical Fruit
Stone Fruit
Berry-like
Cereal & Nut
Caramel & Chocolate

(4) 고급단계Master

① Level 3-1

목 적	복합향기(2가지)의 뉘앙스를 구분, 인지, 묘사하는 능력 향상
준비물	(1) 카테고리가 다른 아로마 2개를 섞은 복합향 샘플 6종을 준비한다. (2) 복합향 뉘앙스카드 (3) 복합향 전용용기 (4) 20가지 대표 아로마
방 법	(1) 복합향의 뉘앙스카드를 작성한다. 　*제한시간 : 15분 (2) 다른 사람들과 뉘앙스를 서로 공유한다.(정답은 확인하지 않는다) (3) (1)~(2)를 3회 반복한다.
예 시	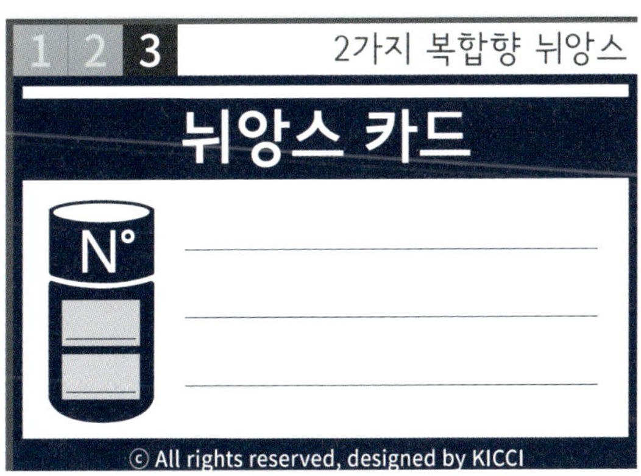
채 점	

② Level 3-2

<table>
<tr><td>목 적</td><td>조향의 원리를 이해하고 복합 아로마를 제조하여 뉘앙스를 익힌다.</td></tr>
<tr><td>준비물</td><td>(1) 3가지 아로마가 조향되어 있는 샘플
(2) 커피플레이버맵 100
(3) 조향 전용용기(물이 반쯤 들어있음)
(4) 스포이드 또는 마이크로 피펫
(5) 조향 포뮬라 용지, 연필, 지우개</td></tr>
<tr><td>방 법</td><td>(1) 샘플을 시향한다.
(2) 복합향을 이루는 3가지 향을 예상한다.
(3) 포뮬라 작성을 시작한다.
(3) 스포이드 또는 피펫으로 예상되는 향을 찾아 조향용기에 넣는다.
(4) 향의 종류, 강도를 변경해가면서 샘플과 최대한 동일하게 만든다.
(5) 포뮬라를 완성한다.
(6) 정답을 확인한다.</td></tr>
<tr><td>예 시</td><td># Product # 13
<table><tr><td></td><td>Components</td><td>Dosage(Drop)</td></tr><tr><td>1</td><td></td><td>Drop</td></tr><tr><td>2</td><td></td><td>Drop</td></tr><tr><td>3</td><td></td><td>Drop</td></tr><tr><td>4</td><td></td><td>Drop</td></tr><tr><td>5</td><td></td><td>Drop</td></tr><tr><td>6</td><td></td><td>Drop</td></tr><tr><td>7</td><td></td><td>Drop</td></tr><tr><td></td><td>Total</td><td>Drop</td></tr></table></td></tr>
<tr><td>채 점</td><td></td></tr>
</table>

PRACTICE

Product

#13

	Components	Dosage(Drop)
1		Drop
2		Drop
3		Drop
4		Drop
5		Drop
6		Drop
7		Drop
	Total	Drop

후각 트레이닝을 모두 마쳤다면, 커피를 포함한 주변에서 나는 모든 향을 분석해 보도록 하자. 집에 있는 향수나 로션의 향을 파악해 보는 것도 좋은 훈련이 될 수 있다.

미각 트레이닝

1) 맛과 인간의 삶

우리 생활의 기본 토대는 흔히 말하는 의 · 식 · 주, 즉 입을 옷, 살 곳 그리고 먹을 음식이다. 그 중에서도 음식은 특히 인간의 삶의 형태와 밀접히 관계되어 있으며, 특히 진화적 · 문화적으로 깊게 연결되어 있다.

오랜 역사동안 인간은 다양한 형태로 맛의 즐거움을 느껴왔다. 그리고 생활 수준이 높아지면서 '살기 위해 먹는다'는 말이 무색할 정도로 너나 할 것 없이 모두 미식가임을 자칭하면서, 오히려 맛있는 것을 먹기 위해 세상에 태어난 것이 맞지 않을까라는 단순한 생각이 들기도 한다.

특히 미식가에게 맛은 질적 요인에 있어 매우 의미가 크다. 향과 비슷하게 음식의 맛은 기능적이거나 영양적인 측면에서 뿐만 아니라 기호와 매우 밀접한 관계를 갖고 있으며, 종종 이에 따라 식품의 품질이 결정되기도 한다. 따라서 맛은 식품의 다방면의 가치를 결정하는 데 지대한 영향을 준다. 그럼에도

안타깝게도 아직까지는 맛에 관련한 메커니즘에 대해 완벽하게 이해되지 못하고 있는 것이 사실이다.

그리고 맛은 감각적이고 느껴지는 정도에 있어서 사람마다 차이가 크기 때문에, 같은 음식이라도 식습관이나 정서적인 조건에 따라 다르게 느껴지게 된다. 물론 표현방법에 있어서도 많은 차이가 있어서 결국 같은 음식이라도 지역마다 그리고 나라마다 다르게 표현된다. 그럼에도 끊임없이 맛의 성분과 인지 메커니즘에 대한 연구가 계속 이루어지고 있으므로, 조만간 좀 더 명쾌히 규명되길 기대해 본다.

독립영양생물인 식물과 다르게 인간은 종속영양생물로써 다른 무엇인가를 섭취하지 않고는 살아갈 수가 없다. 그런 측면에서 진화론적으로 볼 때, 인간을 포함한 동물에게 '먹는다'는 행위는 상당히 유쾌한 일로 받아들여져 왔다. 특히 인간의 유전자에는 좋은 음식을 빠르게 잘 찾고 더 맛있게 먹게 하는 DNA가 발달했을 것이며, 이에 따라 여타 동물들에 비해 양질의 영양소를 섭취해오면서 훨씬 더 빠르게 진화할 수 있었다. 대표적인 예로, 인류가 고기를 구워먹으면서부터 뇌의 용적이 커졌고, 이는 인류문화를 획기적으로 진화시킨 원천이다.

2) 사람이 느끼는 맛의 종류는 몇 가지일까?

20세기 들어서 맛의 종류와 관련하여 헤닝Henning, 1924은 4가지 맛 사이에 관계를 보여주는 미각 프리즘을 제시하였다. 식품의 맛을 단맛, 쓴맛, 신맛, 짠맛의 4가지로 분류하고 이것을 '4원미'라고 하였으며, 미각 프리즘 정사면체를 형성하여 모든 맛은 이 공간의 어느 한 점으로 나타낼 수 있다고 하였다.

그러나 현재에 이르러서는 단맛Sweetness, 신맛Acid, 짠맛Saltiness, 쓴맛Bitterness 그리고 우마미Umami라고 불리는 감칠맛을 포함해서 사람이 느끼는 식품의 맛에는 5가지 종류가 있음이 밝혀졌다. 그리고 진화론적인 측면에서 식품에서는 단맛, 짠맛, 감칠맛은 '먹고 싶은 좋은 맛', 반면에 신맛, 쓴맛은 '위험하고 먹기 싫은 맛'으로 인지된다.

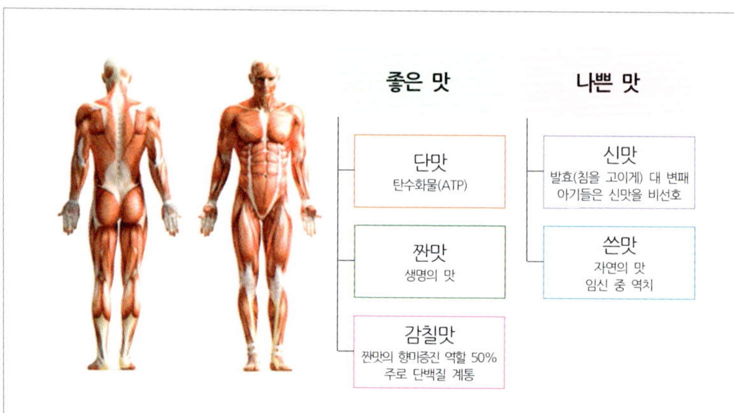

식품이 부패한 경우나, 독성물질이 있는 경우 '위험한, 먹기 싫은 맛'이 발견되기 때문에, 인간은 오랜 진화과정을 통해 유전자에 이를 각인시켰다. 물론 사람은 어떤 맛이 위험하지 않다는 것을 알게 되면, 부정이 긍정으로 바뀔 수도 있다. 커피에서는 이런 신맛, 쓴맛 등이 적절한 농도로 존재할 경우 다른

풍미와 어울려 긍정적인 시너지효과를 내기도 한다.

3) 신맛에 대한 오해, '스페셜티 커피'

최근 커피시장에 스페셜티 커피 바람이 불면서 일반 가정에서조차도 간단한 핸드드립 도구와 스페셜티 원두커피를 구입하여 직접 내려먹는 일명 홈카페 시장이 급성장하고 있다.

'둘! 둘! 둘!!(인스턴트 커피 2스푼, 설탕 2스푼, 크림 2스푼)'만이 진정한 커피 인냥 전부로 알았던 우리 어머니 세대조차도 이제는 어엿이 콜롬비아 원두커피를 직접 내리고 있는 모습이 생각보다 어색하지 않게 보이는 것도 사실이다. 그리고 이와 함께 최근 커피시장에 불어온 매우 신선한 변화는 유래 없던 커피의 신맛에 대한 관심이 부각되고 있다는 점이다.

그렇다면 김치, 냉면, 커피의 공통적인 점은 무엇일까? 바로 신맛이다. 식품에서 일반적으로 신맛은 향기를 동반하는 경우가 많으므로, 본래의 맛과 더불어 기존 식품의 향미를 증진시킨다.

커피향미분석에서 "Acid Enlivens the Coffee Taste"라는 말이 있다. 신맛이 커피에 생명력을 불어 넣어준다는 말이다. 하지만 이런 신맛이 강하고 날카로워서 다른 맛의 특징들과 조화를 이루지 못한다면 결국 소비자들에게 긍정적인 평가를 받기는 불가능하다.

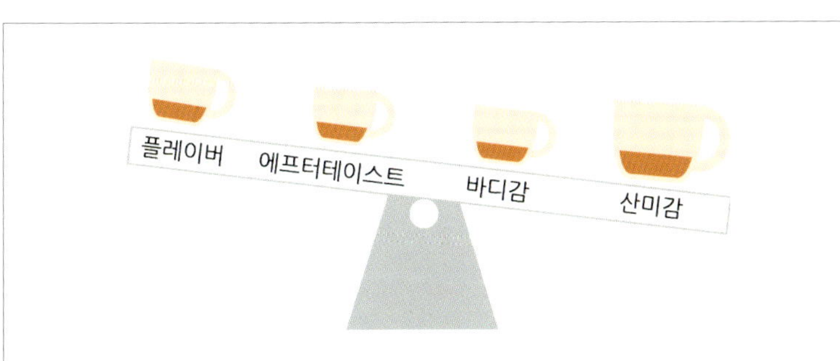

반면에 Specialty Coffee(SCAA Cupping Point 80점 이상)가 Commercial Coffee의 몇 배나 비싼 가격임에도 불구하고 커피애호가들에게 널리 사랑받을 수 있는 주된 원인은, 바로 좋은 밸런스와 더불어 개성 있는 신맛을 통해 커피의 넘치는 생명력을 보여주고 있기 때문이다. 이렇듯 커피를 포함한 전반적인 식품에서 신맛을 얼마나 잘 이용하느냐에 따라 제품의 상품성에도 큰 영향을 미친다.

4) 맛은 혀가 아니라, 뇌가 느끼는 것

불과 얼마 전까지만 해도 일반적으로 단맛은 혀의 앞부분, 쓴맛은 혀의 뒷부분, 신맛은 혀의 양쪽 가장자리, 짠맛은 혀의 앞쪽 가장자리에서 감지할 수 있다고 교과서에 설명되어 있었다. 필자도 역시 학창시절 생물시험에서 혓바닥의 어느 위치에서 어떤 맛이 느껴지는지를 외우기 위해 고생했던 기억이 난다. 고생한 만큼 지금도 그렇게 기억하고 있는 사람이 꽤 될 것이다.

그러나 지금은 5가지의 맛은 인간의 혓바닥 모든 부위에서 느낄 수 있으며, 혀의 중간에는 맛을 아예 느끼지 못하는 미맹 부위가 존재한다는 것이 정설로 굳혀지고 있다.

우리가 이런 원리를 충분히 이해하지 못한 상태에서 예전 원리에 따라 커피향미분석을 한다면, 커피의 맛을 왜곡해서 느끼게 될 것이고, 이 결과가 결국 소비자에게까지 전달되는 불상사를 피할 수 없을 것이다.

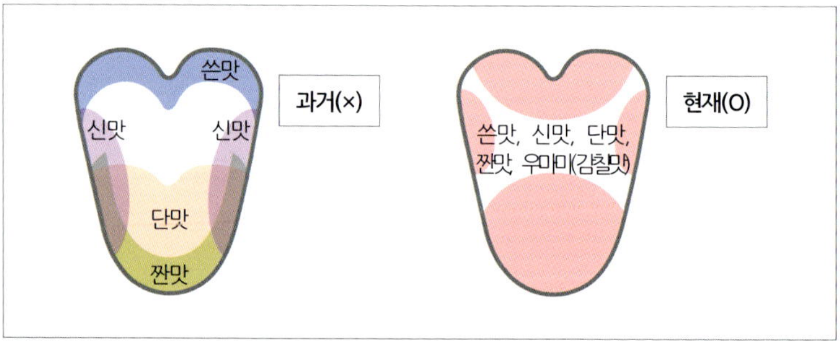

5) 미각기관의 구조

(1) 혀의 구조

혀 표면에는 적게는 5천여 개에서 많게는 1만여 개의 유두가 있다. 유두 측면으로 미뢰가 위치하고 있으며, 미뢰 하나는 100개 내·외의 미각세포로 구성되어 있다.

참고로 시각이나 후각에 비해서는 덜 두드러지지만, 미뢰는 45세 전·후로 퇴화가 본격적으로 진행되고, 이에 따라 미각이 둔해지게 되며 60세 전·후로 상당수의 유두가 퇴화한다. 따라서 맛에 대한 감각이 둔해지게 되고 음식을 더 짜게 만들게 되는 것이다.

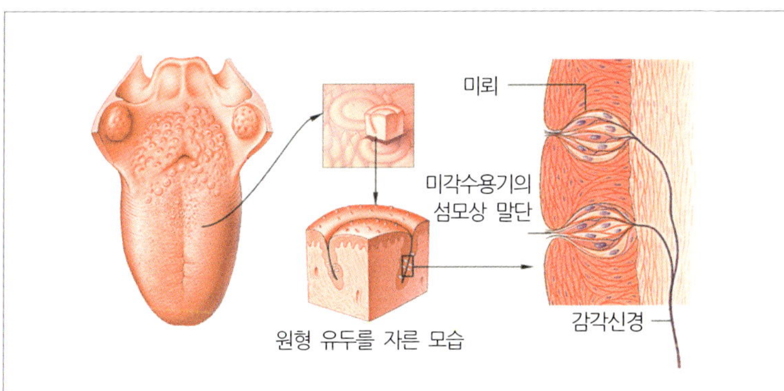

자료 : http://blog.naver.com/windseatree/220090340765

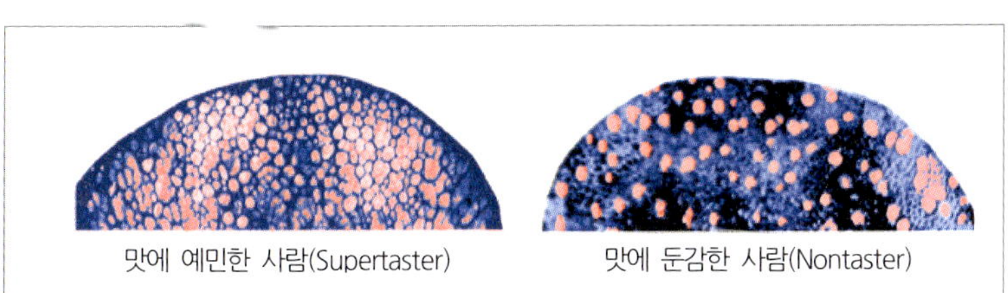

자료 : https://www.tes.com/lessons/uJ8pwgBPD27yFA/supertaster

구체적으로 맛을 느끼는 메커니즘은 첫 번째, 5가지 맛의 성분이 침에 녹음으로써 시작된다. 두 번째, 침에 녹은 수용액 상태로 혀의 표면에 있는 미뢰의 수용체에 붙게 되고, 이어서 화학적인 반응을 일으키게 된다. 세 번째, 화학반응으로 인해 발생된 신경전달물질Neuro-transmitter이 이 정보를 뇌로 전달하여 맛을 느끼게 되는 것이다. 또한 뇌는 전달된 미각정보를 종합하여 어떤 종류의 맛이 상대적으로 더 강한지 총체적으로 판단한다.

요약하면, 인간이 맛을 느낄 수 있는 이유는 혓바닥에 있는 미뢰의 수용체가 맛의 자극(화학물질)을 받아들인 후, 이를 신경물질로 바꾸어 뇌로 보내주는 메커니즘을 통하는 것이다. 이는 기본적으로 향을 인지하는 메커니즘과 비슷하다.

Coffee

미맹(백인 30%, 황색인 15%, 흑인 3%)

어떤 물질의 쓴맛에 대해서 다른 사람들과는 맛을 다르게 느끼거나 맛을 아예 느끼지 못하는 사람을 말한다.

한편으로는 미각보다 오히려 시각이 맛을 더 지배한다는 말이 있다. 필자는 실험을 통해 똑같은 종류의 커피를 다양한 형태의 잔에 제공했는데, 대부분의 평가자들은 한 가지 종류의 커피가 아니라 여러 가지 종류의 커피를 마셨다고 느꼈다.

자료 : ❶ http://shop.illy.com/online/store/product_cups-glassware-us_illy-logo-cappuccino-cups_us
❷ https://www.shoplavazza.com/products/lavazza-logo-cappuccino-cup-and-saucer-set
❸ https://www.amara.com/products/dine-tea-coffee-cup-saucer-set-of-4

커피의 다른 잔

(2) 맛의 역치

시각, 후각, 미각, 청각 그리고 촉각 등 모든 감각에는 역치Threshold가 존재한다. 미각에서 말하는 역치란 사람이 맛을 느낄 수 있는 최소농도 또는 최소자극의 세기를 말한다. 역치가 낮다는 것은 자극에 예민도가 높아서 쉽게 자극이 인지된다는 것을 말하고, 반대로 역치가 높다는 것은 자극에 예민도가 떨어져서 자극이 잘 인지되지 않는다는 것을 의미한다. 일반적으로 식품에서 쓴맛성분의 역치가 보통은 가장 낮고, 단맛성분이 높다.

한편, 역치는 사람마다 약간씩 차이를 보일 수 있다. 주변에 향이나 맛에 민감한 사람이 있을 것이다. 그들은 분명 자극에 대한 역치가 낮을 것이다. 필자는 그 사람들이 향미분석가로 활동하기를 권하고 싶다.

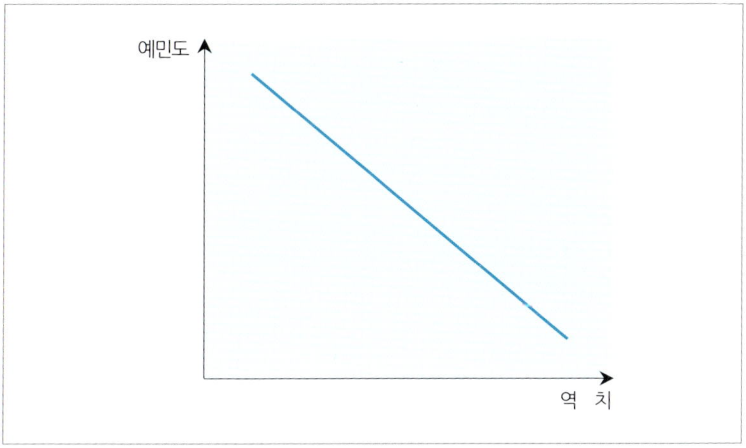

또한 역치는 절대역치Absolute Threshold와 인지역치Recognition Threshold로 나눌 수 있다. 예를 들어, 미각에서 절대역치란 물과는 다르다는 것을 탐지할 수 있지만 어떤 맛인지 인지할 수 없는 정도의 최소자극의 세기를 말하며, 인지역치란 어떤 맛인지 인지할 수 있는 정도의 자극 세기를 말한다.

(3) 맛의 인지에 영향을 주는 요인

커피맛을 평가할 때 다음과 같은 다양한 요인에 의해서 영향을 받을 수 있다.

① 온도의 영향

결론부터 말한다면, 우리가 느끼는 5가지 맛은 온도에 영향을 지대하게 받는다. 녹아버린 아이스크림을 먹어본 사람은 누구나가 공감할 수 있다. 꽁꽁 얼었을 때 적당히 달콤했던 아이스크림이, 녹았을 때 너무 달아져 먹기가 어렵다는 것을 알 수가 있다. 만약 이 사실이 기억나지 않는다면 지금이라도 아이스크림을 사서 비교해 보면 알 수 있다. 여기서 확실한 것은 아이스크림에서 단맛을 내는 성분의 양 또는 형태가 변한 것은 아니다.

이에 대해 완전히 규명된 것은 아니지만, 위의 그래프를 통해 이런 현상을 어느 정도 이해할 수는 있다. 이렇게 확인할 수 있는 것처럼, 일반적으로 쓴맛과 단맛에서 맛의 역치는 우리 체온과 비슷한 36℃를 기준으로 변화가 크게 일어나는 경향성을 볼 수 있다.

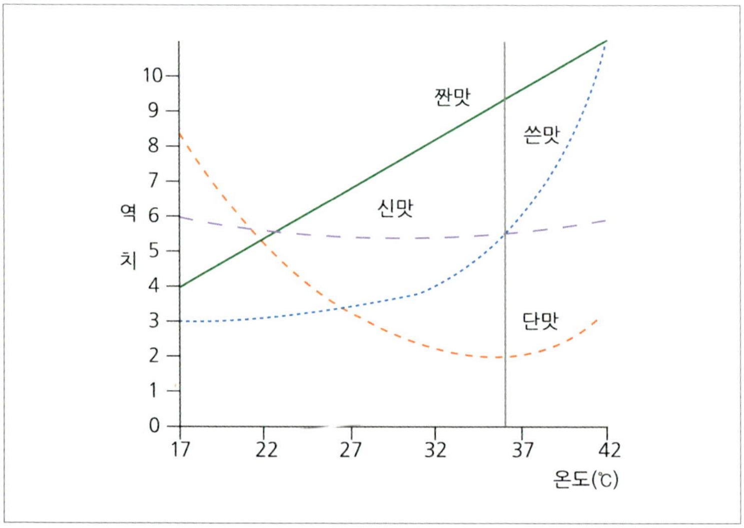

단맛은 36℃보다 높아지거나 낮아지면 덜 느끼게 된다. 가령 뜨거운 커피에서 단맛이 잘 느껴지지 않다가, 어느 정도 식었을 때 단맛이 강하게 느껴지는 것을 알 수 있다. 짠맛, 쓴맛은 온도가 낮아질수록 더 잘 느끼게 되지만, 신맛 자체에 대한 감각은 온도에 크게 영향을 받지 않는다는 것을 보여준다.

② 연령과 성별

여자가 단맛과 짠맛에 대해서는 남자보다 예민하게 잘 느끼고, 신맛에 대해서는 덜 예민하며, 쓴맛에 대해서는 남·녀 별반 차이가 없다고 보고되었다.

③ 그 외

- 수면이 부족한 경우, 특히 신맛의 역치가 크게 올라간다.
- 식사 후 맛에 대한 예민도가 급격히 떨어진다.
- 흡연자는 쓴맛에 대한 역치가 매우 높아져 있어서 잘 느끼지 못할 수 있다.

6) 기본적인 맛

(1) 단맛

단맛을 내는 물질들은 셀 수 없이 많으며, 다음의 그림과 같이 크게 구분할 수 있다.

상대적인 단맛의 정도를 의미하는 '상대적 감미도'를 결정할 때는, 가장 보편적인 감미료인 설탕 10% 용액을 기준으로 한다. 다른 당류와는 달리 이성질체가 존재하지 않기 때문에 단맛이 변하지 않기 때문이다.

식품제조에 쓰이는 대표적인 천연감미료의 천연당류로는 설탕, 과당, 포도당, 맥아당, 젖당 등이 있다.

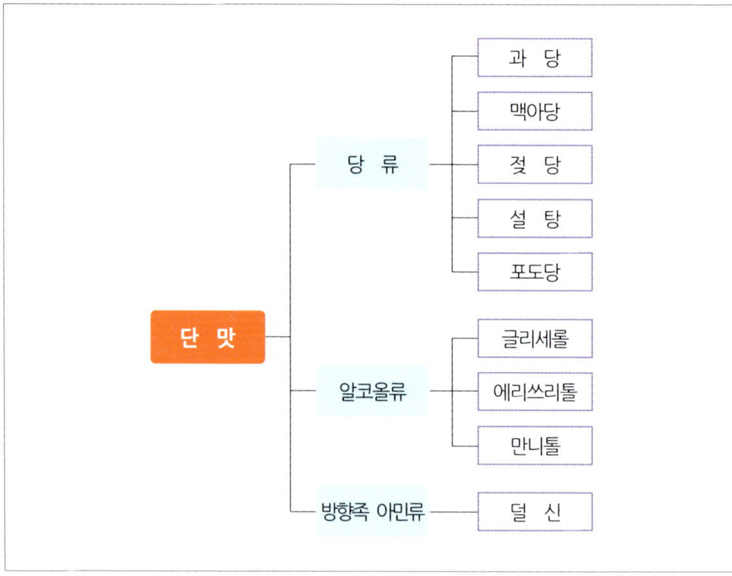

Coffee

상대적 감미도(설탕기준 : 100)

- 천연감미료 : 설탕 100 / 포도당 74 / 과당 173
- 합성감미료 : 사카린 30,000 / 스테비오사이드 30,000 / 탈린 250,000 / 아세설팜-K 13,000

① 설탕Sucrose

상대적인 단맛의 강도는 과당이 클 수 있으나, 사람들이 가장 선호하는 단맛의 종류는 단연 '설탕'이다. 선진국에서는 1년에 1인당 설탕을 약 60kg 정도 소비한다고 한다. 커피 속에 함유된 설탕은 유기산에 의해 일부는 가수분해되어 전화당Invert Sugar으로 변화한다.(*전화당 : 포도당과 과당의 혼합물)

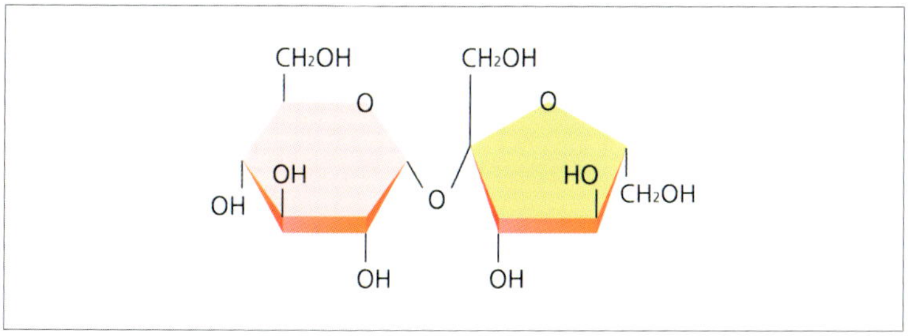

자료 : https://en.wikipedia.org/wiki/Sucrose

설탕의 화학구조 = 포도당 + 과당

② 과당Fructose

천연감미료 중 단맛이 가장 강하며, 설탕 다음으로 사람들이 선호하는데, 일반적으로 상쾌한 단맛으로 표현한다. 그러나 온도가 증가할수록 단맛은 감소한다.

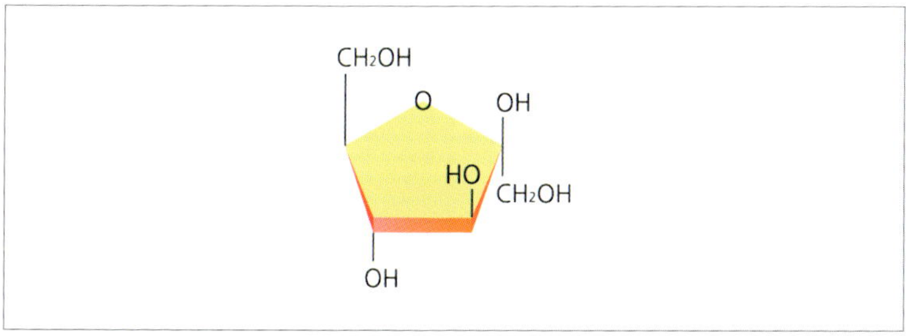

자료 : https://en.wikipedia.org/wiki/Fructose

과당의 화학구조

③ 포도당Glucose

알파형이 베타형보다 1.5배 더 달지만 더 불안정하여, 결국 일부가 베타형으로 변해서 단맛을 감소시킨다.

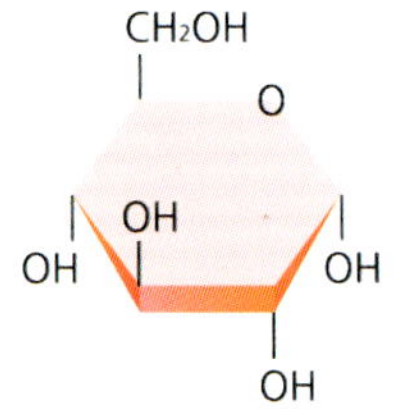

자료 : https://en.wikipedia.org/wiki/Glucose

포도당의 화학구조

④ 인공감미료

설탕에 비하여 수백에서 수만 배의 단맛을 가지고 있으며, 소량만 사용할 때에는 인체에 해가 없는 식품첨가물을 말한다. 다만, 열에 불안정하거나 불쾌한 후미가 지속되는 단점이 있는 경우가 발행할 수 있으니, 제품의 특성에 맞게 취사 선택해야 한다.

(2) 신맛

① 산이 달고 쓰다고?

앞에서 언급한 신맛을 지니고 있는 대표적인 화합물을 산Acid이라고 한다. 식초의 아세트산, 김치의 젖산, 그리고 커피의 구연산 등 우리는 매일 알게 모르게 다양한 산을 접하고 있다. 하지만 그렇다고 해서 모든 산이 신맛만을 나타내는 것은 아니며, 그 외에도 다양한 맛을 지니고 있다.

- 신맛 : 구연산Citric Acid, 사과산Malic Acid, 초산Acetic Acid
- 쓴맛 : 클로로겐산Chlorogenic Acid, 퀸산Quinic Acid
- 감칠맛 : 글루탐산Glutamic Acid

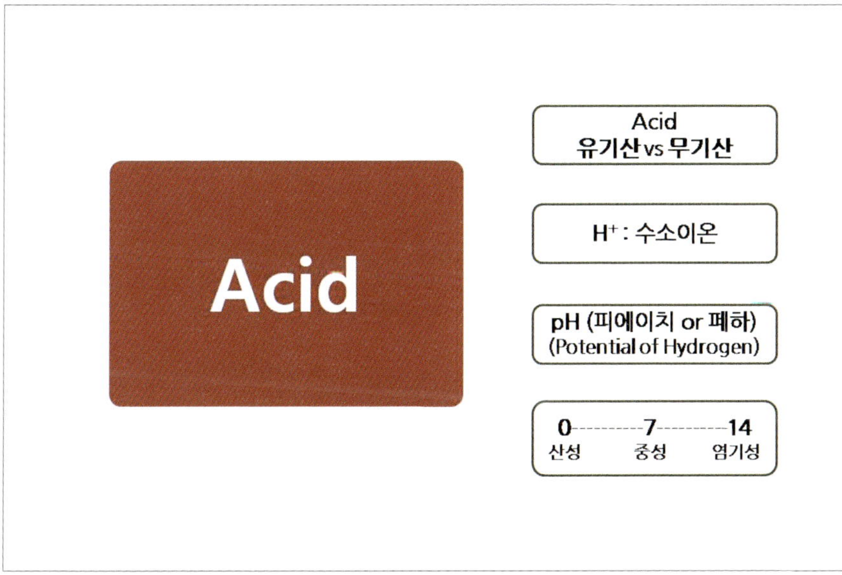
Acid
Acid
유기산 vs 무기산
H⁺ : 수소이온
pH (피에이치 or 페하)
(Potential of Hydrogen)
0 7 14
산성 중성 염기성

신맛

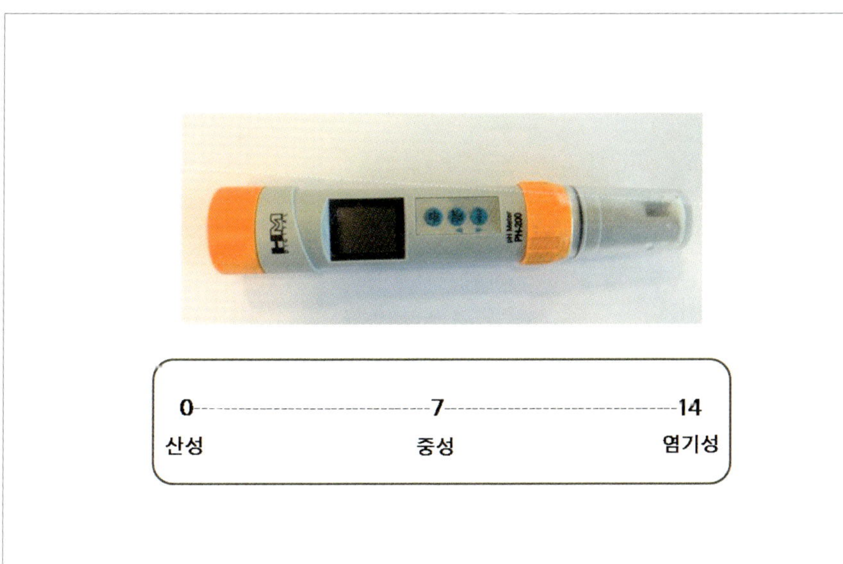
0 7 14
산성 중성 염기성

pH 측정기

산(Acid)의 종류	함량(Content)	산(Acid)의 종류	함량(Content)
*Malic	2.16	*Acetic	5.15
Quinic	7.93	Glycolic	1.32
*Citric	6.72	Mesaconic	0.08
2-Furanoic	0.14	Pyroglutamic	0.87
Maleic	0.09	Succinic	0.07
Phosphoric	1.78	Citraconic	0.54
3,4-Dihydroxybenzoic	0.08	Fumaric	0.12
2,5-Dihydroxybenzoic	0.23	Itaconic	0.16
Formic	2.01	Lactic	0.88
Chlorogenic	21.4	Tartaric	0.04

R&C : Roasted and Grinded / GC Analysis(Gas Chromatography) / 1985년, Engelhardt & Maier
"*"는 커피에서 중요한 산을 표시한 것이다.

위의 자료에서 확인할 수 있는 것처럼, 커피에서 신맛을 나타내는 가장 중요한 유기산은 구연산Citric Acid, 사과산Malic Acid 그리고 초산Acetic Acid 3형제이다. 형제라고 말한 이유는 모두 카르복시기Carboxyl Group, -COOH라는 동일한 작용기를 지니고 있기 때문이고, 여기서 카르복시기는 수소이온(H^+)을 방출할 수 있는 강력한 배출통로라고 보면 된다.

② 산의 인지와 뉘앙스

신맛, 즉 Acidic Taste는 말 그대로, 산Acid에서 방출되는 수소이온(H^+)의 맛이다. 양이온 채널Positive Ion Channel 또는 칼륨이온 채널Potassium Ion Channel을 통해 미뢰세포막의 전위차가 형성되고, 이를 통해 신경전달물질이 형성되어 뇌로 전달되어 신맛을 느끼게 된다.

우리가 먹는 과일에도 구연산과 사과산 등 신맛을 내는 다양한 유기산이 들어있다. 항상 그렇다고 말할 수는 없지만, 산의 종류와 커피에서 발현되는 향의 특성을 어느 정도 결부시킬 수는 있다.

대표적인 과일과 유기산의 구성은 다음과 같다.

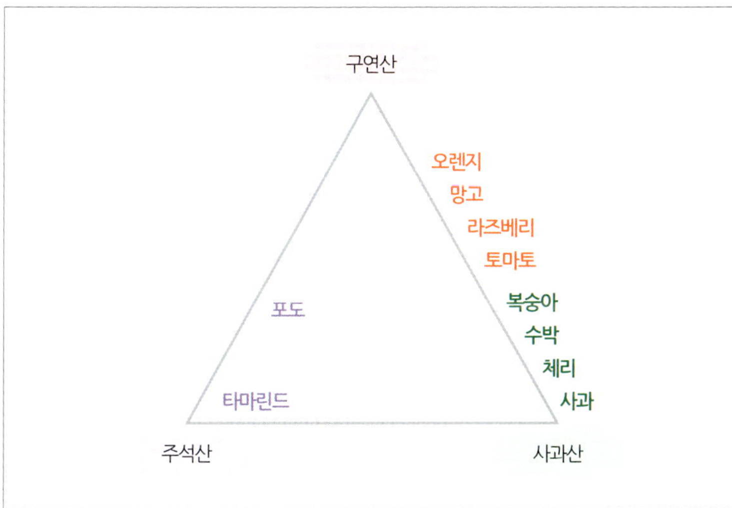

과일별 유기산

가령 커피에서 오렌지향이나 라즈베리향이 느껴진다면, 구연산의 신맛이 다른 산에 비해 우세할 가능성이 높고, 수박향이 느껴진다면 사과산의 신맛을 기대해도 좋다.

③ 커피에서의 산의 종류

앞서 언급한 것처럼, 신맛은 식욕을 증가시키는 작용을 하며, 동일한 pH에서는 무기산보다 유기산의 신맛이 더 강하며, 향미증진 역할을 한다. 인산을 포함한 무기산의 경우 일반적으로 떫은맛, 쓴맛 등이 예상된다.

반면, 음료에 자주색 과일과 가공식품류에서는 B/A RatioBrix /Acidity, 당과 산의 비율이 품질평가의 핵심이다.

구연산	• 광합성을 통해 포도당이 구연산 회로(TCA Cycle)를 거쳐 생성 • 씨트러스(감귤류) 계열의 과일에서 많이 발견
사과산	• 구연산 회로(TCA Cycle)를 통해 거쳐 생성된 구연산이 더 진행되어 사과산으로 변화 • 고도가 높을수록 그늘재배가 이뤄지는 경우 더 많은 사과산이 생성
인 산	• 커피 추출액에서 차지하는 비율은 작지만, 역치가 낮아 쉽게 느껴짐 • Tangy, Drying(입이 마르는) 뉘앙스
초 산	• 정제과정 중 발효과정과 연관 • 초산의 양이 많아짐에 따라 "Fruitty → Berry-like → Winey → Full Sour" 변함
젖 산	• 정제과정 중 발효과정과 연관 • 부드러운 뉘앙스, 발효된 김치에서 발견되는 바로 그 신맛

④ 소비자 지향적인 커피

결과적으로, 기본적으로 인간의 신맛에 대한 욕구는 동일하다고 볼 수 있는 반면, 커피의 신맛에 대한 이해는 그리 단순해 보이지 않는다.

참고로, UN 산하 ICO(국제커피기구)에서 발표된 검증된 자료를 보면서, 물의 온도가 다양한 산의 추출량에 어떤 변화를 주는지 확인해 보아야 한다. 추출온도에 따라 다양한 방식으로 변하는 산의 용해도를 확인할 수 있으니, 추출 시 기초자료로 활용하면 좋다.

추출온도에 따른 산(Acid)의 변화

	산(Acids)	70C(mg/L)	94C(mg/L)	100C(mg/L)
1	Chlorogenic Acid	872.67	1,064.67	1,067.67
2	Quinic Acid	348.33	495	383.33
3	Citric Acid	388.33	461	332
4	Acetic Acid	151.33	225.67	187
5	Lactic Acid	121	194.5	187.33
6	Malic Acid	131	137	122
7	Phosphoric Acid	86.33	77.33	80

자료 : ICO Sensory

Table 1. *Source : ICO Sensory
Acid concentrations at different "Brewing temperature"
All coffees were brewed using fine grind for 5 minutes

*Brewing 중요 변수
1) Temperature
2) Time
3) Grind Size

	산의 종류	70C (mg/L)	94C (mg/L)	100C (mg/L)
1	클로로겐산	872	1,065	1,068
2	퀸산	348	495	383
3	구연산	388	461	332
4	초산	151	226	187
5	사과산	121	195	187
6	젖산	131	137	122
7	인산	86	77	80

Table 1. *Source : ICO Sensory
Acid concentrations at different "Brewing temperature"
All coffees were brewed using fine grind for 5 minutes

*Brewing 중요 변수
1) Temperature
2) Time
3) Grind Size

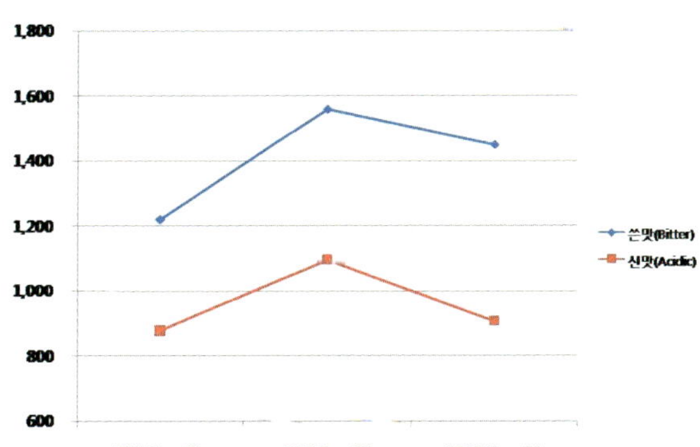

Table 2. *Source : ICO Sensory
Acid concentrations at different "**Brewing time**"
All coffees were brewed using fine grind at 94C

*Brewing 중요 변수
1) Temperature
2) Time
3) Grind Size

	산의 종류	1 Minute (mg/L)	5 Minute (mg/L)	14 Minute (mg/L)
1	클로로겐산	955	1065	988
2	퀸산	525	495	557
3	구연산	343	461	355
4	초산	261	226	242
5	사과산	57	195	126
6	젖산	109	137	100
7	인산	75	77	76

Table 2. *Source : ICO Sensory
Acid concentrations at different "**Brewing time**"
All coffees were brewed using fine grind at 94C

*Brewing 중요 변수
1) Temperature
2) Time
3) Grind Size

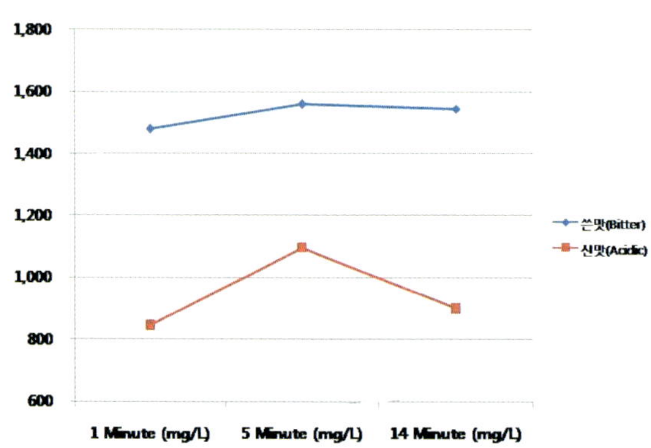

Table 3. *Source : ICO Sensory
Acid Concentrations at different "**Grind size**"
All coffees were brewed at 94C for 5minutes

*Brewing 중요 변수
1) Temperature
2) Time
3) Grind Size

산의 종류	Course (mg/L)	Fine (mg/L)	Extra Fine (mg/L)
1 클로로겐산	700	1065	1177
2 퀸산	435	495	510
3 구연산	325	461	440
4 초산	243	226	209
5 사과산	119	137	163
6 젖산	110	195	308
7 인산	68	77	82

Table 3. *Source : ICO Sensory
Acid Concentrations at different "**Grind size**"
All coffees were brewed at 94C for 5minutes

*Brewing 중요 변수
1) Temperature
2) Time
3) Grind Size

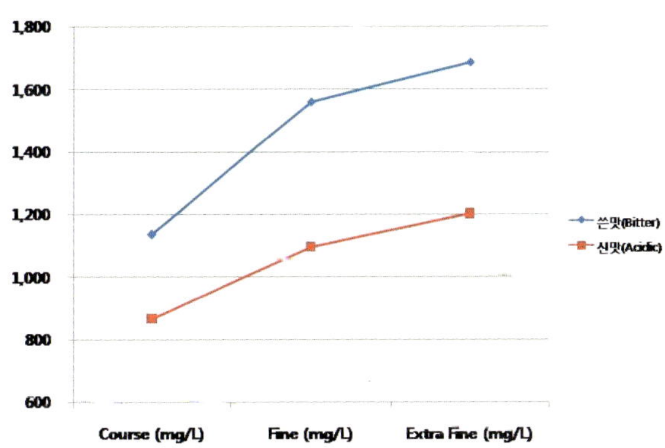

(3) 쓴맛

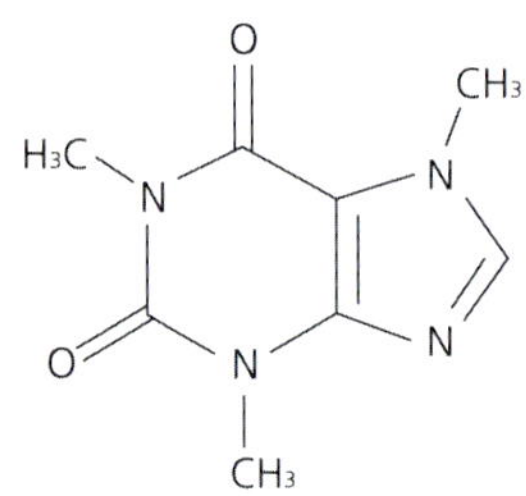

자료 : https://en.wikipedia.org/wiki/Caffeine

카페인

쓴맛을 내는 화학물질에는 대표적으로 퀴닌 그리고 커피의 카페인, 자몽의 나린진Naringin, 레몬의 리모닌Limonin이 있으며, 이 모두는 알칼로이드계 물질이다.

자몽의 쓴맛 성분인 나린진의 경우 5만 배를 희석해도 그 쓴맛이 느껴진다고 할 정도로, 쓴맛을 가진 화학물질들의 역치는 다른 맛의 물질들에 비해 매우 낮기 때문에 낮은 농도에서도 쉽게 느껴진다.

① 커피는 써야 제 맛!?

사실 커피는 써야 제 맛이라고 생각하는 소비자가 많다. 이는 2세대 커피시장에서 프렌차이즈 커피숍이 급격히 증가하면서, 생두의 품질변화에 대응하기 위한 하나의 전략이라고 생각된다. 강배전Dark Roasting을 통해 생두의 부정적인 요인을 제거함으로써 항상 일정한 품질의 커피를 제공할 수 있기 때문이다. 이러한 쓴맛은 꼭 부정적이라고 할 수는 없으며, 전 세계적으로 커피 본연의 쓴맛으로서 사랑받고 있다.

커피를 강하게 볶는다고 무조건 부정적인 쓴맛이 나고 좋은 맛이 다 사라지는 것은 아니다. 양질의 쓴맛이 있으며, 대중적인 상품으로서의 커피에서는 가장 중요한 요소 중에 하나이다.

또한 여기서 언급하는 커피의 쓴맛은 생각보다 단순하지 않다. 흔히 커피의 쓴맛 하면, 카페인을 떠올리는 사람이 많을 것이다. 일반커피의 쓴맛 정도를 100이라고 한다면, 디카페인 커피의 쓴맛은 80 정도로, 쓴맛에 대한 카페인의 영향은 생각보다는 작다는 사실이다.

② 커피 쓴맛의 기원

커피 쓴맛의 근원은 클로로겐산CGA, Chlorogenic Acid이며, 가수분해와 탈수중합 등의 여러 가지 화학반응을 일으키며 사라지기도 하고, 새로운 형태의 쓴맛 성분들을 만들어낸다.

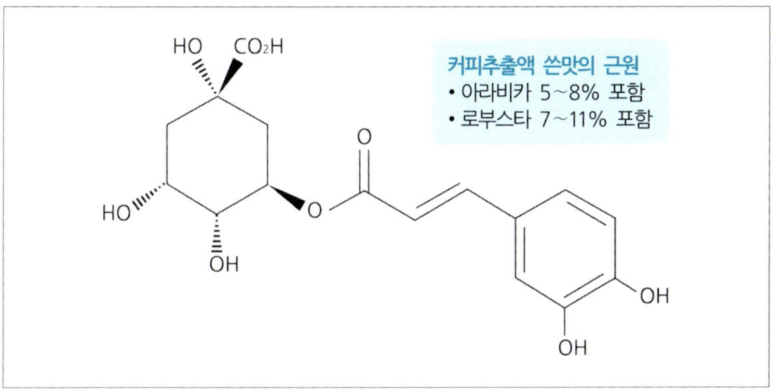

클로로겐산

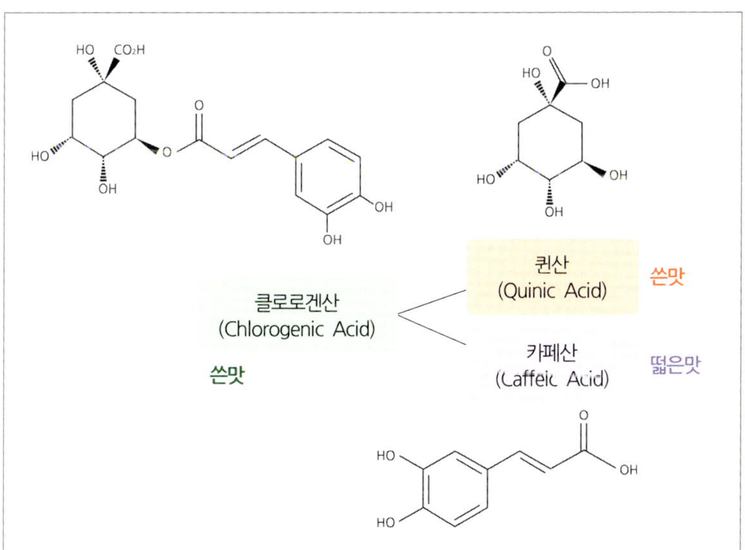

클로로겐산 분해

Coffee

식품의 쓴맛

1. 알칼로이드 : 질소함유 염기성물질
   - Caffeine : 커피, 차
2. 배당체
   - Limonin : 감귤류 껍질
   - Naringin : 자몽
   - Cucurbitacin : 오이
3. 케톤류
   - Hop : 맥주
4. 아미노산류

(4) 짠맛

① 짠맛의 인지기작

일반적으로 짠맛 하면 소금맛을 말하며, 소금(NaCl)이 물에 녹아 Na^{+}이온이 형성되어 짠맛을 낸다. 앞서 말한 신맛과 비슷한 형태로, 채널을 통해 전위차를 형성하고 신경전달물질이 형성되어 이것이 뇌로 전달되어 짠맛을 느끼게 된다. 일반적으로 다양한 염들이 함께 존재할 때 짠맛이 증가된다.

② 짠맛의 강도순서Amerine, M. A., 1965

NH^{4+} 〉 K^{+} 〉 CA^{2+} 〉 NA^{+} 〉 Li^{+} 〉 Mg^{2+}

또한 염의 분자량이 클수록 짠맛뿐만 아니라 쓴맛을 느끼게 한다.

- NaCl(분자량 58) : 강한 짠맛
- KCl(분자량 74) : 짠맛 + 쓴맛

(5) 우마미

우마미Umami는 한국식품공전상 향미증진제로 분류되며, 감칠맛 또는 MSG맛이라고 한다. 자체로 약한 단맛과 짠맛을 가지고 있어 MSG를 따로 물에 녹여 먹는 경우, 짠맛과 헷갈리는 경우가 많다. 대부분 맛과 향을 증폭시켜 주는 역할을 하나, 때로는 지나치게 강한 맛을 완충해 주는 역할도 한다.

(6) 떫은맛과 매운맛

① 떫은맛

흔히 덜 익은 감을 먹을 때 또는 밤 속껍질을 먹을 때의 느낌과 비슷하며, 이 역시 촉각의 한 형태로 볼 수 있다. 화학성분에 의해 혀 미각신경의 단백질이 순간적으로 변성응고되어 마비가 일어나 생성되는 수렴성의 맛으로, 입이 텁텁하고 마르는 느낌을 준다. 강도가 약할 경우 쓴맛과 비슷하게 느껴지며, 다른 맛성분과 만나면 특별한 풍미를 주기도 한다.

② 매운맛은 고통인가, 쾌락인가?

흔히 오해하기 쉬운데, 매운맛은 미각이라기보다는 통각(통증의 감각)이라고 할 수 있다. 음식의 향미와 관계가 깊으며, 주로 고추의 매운맛을 이야기하며 이 성분이 바로 캡사이신Capsaicin이다.

7) 커피의 바디감

바디감Body = 질감Texture + 무게감Weight

무게감을 표현하면 다음과 같다.

- Thin : Lacking in Body 바디가 약함
- Light : Agreeable Light in Body 바디가 부족함
- Moderate : Intermediate Level 적당한 바디감
- Full : 바디가 풍부함
- Heavy : 바디가 묵직함

8) 커피의 성분

- 카페인 : 쓴맛의 10~20% 정도를 차지함

- 트리고넬린 : 열분해 시 피리딘을 생성함
- 단백질, 아미노산
- 설탕 : 캐러멜리제이션 반응 주요성분임
- 환원당 : Maillard 반응 주요성분임
- 셀룰로오스, 헤미셀룰로오스, 리그닌 - Dry Distillation 반응 주요성분
- 지방 : 로스팅의 영향을 거의 받지 않음
- 구연산, 사과산, 초산, 젖산, 인산 등
- 클로로겐산
- 카페산, 퀸산
- 미네랄(무기질)
- 휘발성 아로마

커피의 성분

9) 미각 트레이닝

(1) 미각 트레이닝의 목표

단맛, 신맛, 짠맛, 쓴맛 그리고 우마미를 구분하며, 나아가 다양한 산Acid의 종류를 인지하고 묘사할 수 있도록 한다. 커피농도(%)를 구분하고, 관련된 훈련을 통해 커피품질을 최적으로 관리할 수 있다.

① 유의사항

- 트레이닝은 매일 일정한 시간에 진행하는데, 오전 10시 또는 오후 4시 정도가 좋다.
- 가급적 식사 직전 · 직후는 피한다.
- 트레이닝 할 때 여러 번 먹을수록 오히려 예민도가 떨어질 수 있으니, 가급적 한두 번에 끝낸다.

② 샘플준비

- 동일한 용기(플라스틱 또는 종이컵)를 이용하며, 가능하다면 스테인리스나 유리용기를 추천한다.
- 동일한 양(충분한 양)
- 동일한 온도(온도 제시)
- 시료 표시 : 가능하면 난수표
- 랜덤배치 : 대소효과와 위치오류 제거
- 입가심 물
- 기름기가 많은 시료 : 따뜻한 물, 레몬즙을 넣은 물, 탄산수
- 뒷맛이 남는 시료 : 크래커, 빵

(2) 초급단계Foundation

① Level 1

목 적	5가지 기본맛 구분능력 트레이닝(인지역치, Intensity 0)
준비물	(1) 6가지 샘플 : 기본 5미(인지역치, Intensity 0), 물 (2) 입 헹굼물 제공 (3) 미각 기본테스트 용지(인지역치)
방 법	(1) 6가지 샘플을 1~2번 시음하고 답안지에 맛의 종류를 적는다. *제한시간 : 3분 (2) 답을 확인하고 채점한다.
예 시	샘 플 / 맛의 종류 1 / 단 맛 2 / 물 3 / 신 맛 4 / 짠 맛 5 / 쓴 맛 6 / 우마미
채 점	

PRACTICE

샘 플	맛의 종류
1	
2	
3	
4	
5	
6	

5미 테스트

(3) 중급단계Intermediate

① Level 2-1

<table>
<tr><td>목 적</td><td>5가지 기본맛 구분능력 트레이닝(Intensity 1)</td></tr>
<tr><td>준비물</td><td>(1) 6가지 샘플 : 기본 5미(Intensity 1), 물
(2) 입 헹굼물 제공
(3) 미각 기본테스트 용지</td></tr>
<tr><td>방 법</td><td>(1) 6가지 샘플을 1~2번 시음하고 답안지에 맛의 종류를 적는다.
*제한시간 : 3분
(2) 답을 확인하고 채점한다.</td></tr>
<tr><td>예 시</td><td><table><tr><td>샘 플</td><td>맛의 종류</td></tr><tr><td>1</td><td>단 맛</td></tr><tr><td>2</td><td>물</td></tr><tr><td>3</td><td>신 맛</td></tr><tr><td>4</td><td>짠 맛</td></tr><tr><td>5</td><td>쓴 맛</td></tr><tr><td>6</td><td>우마미</td></tr></table></td></tr>
<tr><td>채 점</td><td></td></tr>
</table>

PRACTICE

샘 플	맛의 종류
1	
2	
3	
4	
5	
6	

② Level 2-2

<table>
<tr><td>목 적</td><td>단맛, 짠맛, 신맛, 쓴맛, 우마미 강도(Intensity 1, Intensity 2) 구분능력 트레이닝</td></tr>
<tr><td>준비물</td><td>(1) 10가지 샘플 : 단맛, 짠맛, 신맛, 쓴맛, 우마미 5종류&2가지 강도(Intensity : 1, 2)
(2) 물 제공(Reference)
(3) 5미 순위법 용지</td></tr>
<tr><td>방 법</td><td>(1) 단맛, 짠맛, 신맛, 쓴맛, 우마미 5가지 맛을 각각 2가지 강도로 총 10개의 샘플을 준비한다.
(2) 10가지 샘플을 맛보고 각각 맛의 종류와 강도를 구분한다.
*제한시간 : 5분
(3) 답을 확인하고 채점한다.</td></tr>
<tr><td>예 시</td><td>샘플을 맛본 후 해당하는 맛의 종류(2가지)와 맛의 강도(2가지)를 동시에 적으시오.
<table><tr><th>샘플</th><th>단맛</th><th>짠맛</th><th>신맛</th><th>쓴맛</th><th>우마미</th></tr><tr><td>1</td><td>1</td><td></td><td></td><td></td><td></td></tr><tr><td>2</td><td></td><td>2</td><td></td><td></td><td></td></tr><tr><td>3</td><td></td><td></td><td></td><td>1</td><td></td></tr><tr><td>4</td><td></td><td></td><td>1</td><td></td><td></td></tr><tr><td>5</td><td></td><td></td><td></td><td></td><td>2</td></tr><tr><td>6</td><td></td><td>1</td><td></td><td></td><td></td></tr><tr><td>7</td><td>2</td><td></td><td></td><td></td><td></td></tr><tr><td>8</td><td></td><td></td><td>2</td><td></td><td></td></tr><tr><td>9</td><td></td><td></td><td></td><td>2</td><td></td></tr><tr><td>10</td><td></td><td></td><td></td><td></td><td>1</td></tr></table></td></tr>
<tr><td>채 점</td><td></td></tr>
</table>

PRACTICE

다음 샘플을 맛본 후 해당하는 맛의 종류와 맛의 강도를 동시에 적으시오.

샘플	단맛	짠맛	신맛	쓴맛	우마미
1					
2					
3					
4					
5					
6					
7					
8					
9					
10					

③ Level 2-3

<table>
<tr><td>목 적</td><td>복합맛을 구분하는 능력 트레이닝</td></tr>
<tr><td>준비물</td><td>(1) 6가지 샘플 : 2가지 맛의 종류 3가지 강도(Intensity 1, Intensity 2)
(2) 복합맛(Mixture) 용지</td></tr>
<tr><td>방 법</td><td>(1) 단맛, 짠맛, 신맛, 쓴맛 4가지 맛 중에서, 2가지 종류의 맛이 2가지 강도로 섞여있는 총 4개의 샘플을 준비한다.
(2) 4가지 샘플을 맛보고, 각각 맛의 종류와 농도를 구분하여 답안지에 맞게 적는다.
*제한시간 : 5분
(3) 답을 확인하고 채점한다.</td></tr>
<tr><td>예 시</td><td><table><tr><th>샘플</th><th>단맛</th><th>짠맛</th><th>신맛</th><th>쓴맛</th></tr><tr><td>1</td><td>1</td><td></td><td></td><td>1</td></tr><tr><td>2</td><td>1</td><td></td><td>1</td><td></td></tr><tr><td>3</td><td>2</td><td></td><td></td><td>1</td></tr><tr><td>4</td><td></td><td>1</td><td>2</td><td></td></tr></table></td></tr>
<tr><td>채 점</td><td></td></tr>
</table>

PRACTICE

샘플	단맛	짠맛	신맛	쓴맛
1				
2				
3				
4				

④ Level 2-4

목 적	다양한 산 구분, 인지, 묘사능력 트레이닝
준비물	(1) 3가지 샘플 : 구연산, 사과산, 인산 (2) 산(Acid) 뉘앙스 용지
방 법	(1) 구연산, 사과산, 인산 3가지 샘플을 준비한다.(Intensity 1) (2) 블라인드 테스트를 한다. (3) 샘플을 맛보고 각각 신맛의 특징, 연상되는 과일, 그리고 그래프를 용지에 묘사한다. (4) 답을 확인한다. 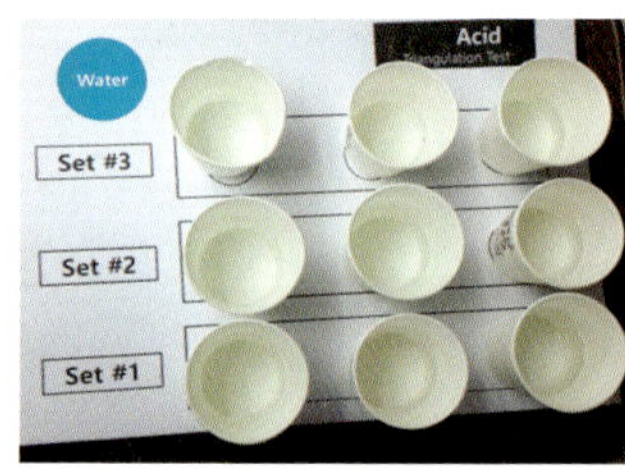 Acid Triangulation(삼점법) 테스트 (5) 3가지 용액 샘플에 대한 인상이 각인될 때까지 최대 3회까지 반복한다.
예 시	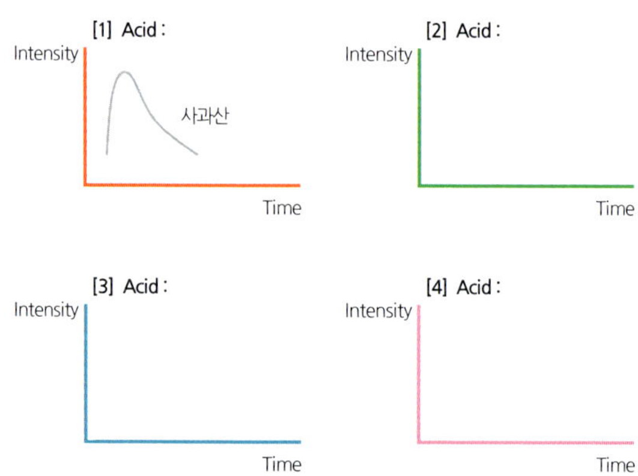
채 점	

PRACTICE

연습 ❶

[1] Acid :

Intensity

Time

[2] Acid :

Intensity

Time

[3] Acid :

Intensity

Time

[4] Acid :

Intensity

Time

연습 ❷

[1] Acid :

Intensity

Time

[2] Acid :

Intensity

Time

[3] Acid :

Intensity

Time

[4] Acid :

Intensity

Time

⑤ Level 2-5

목 적	다양한 산 구분, 인지테스트
준비물	(1) 3가지 샘플 : BBC, BAB, ACA (2) 산(Acid) Triangulation 용지
방 법	(1) 구연산, 사과산, 인산 3가지 산(Acid) 샘플 각각 3개씩을 준비한다.(Intensity 1) (2) 한 번에 3개의 샘플이 동시에 제시되며, 2가지 샘플은 같고, 나머지 한 가지의 샘플은 다르다. ex) 3세트 : BBC, BAB, ACA (3) 3가지 샘플을 맛보고, 다른 한 가지 샘플을 찾아 용지에 표시한다. (4) 각 샘플에 들어있는 산의 종류를 용지에 적는다. (5) 답을 확인하고 채점한다.
예 시	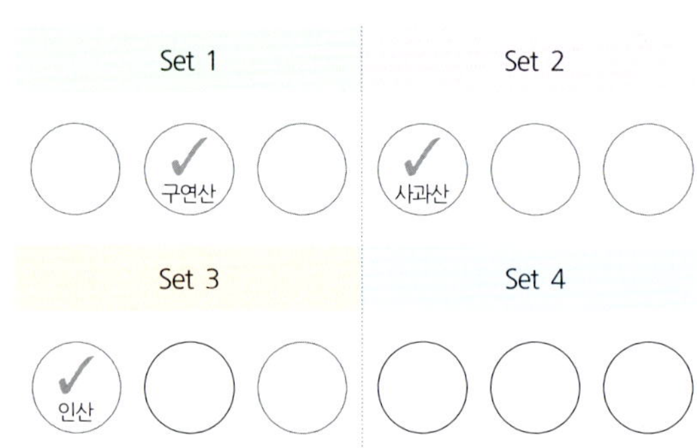
채 점	

PRACTICE

Test ❶ 다른 것을 찾아 ✓ 표시하시오.

Triangulation - "?" Mark "✓" by the different cuo from other two.

Set 1	Set 2
○ ○ ○	○ ○ ○
Set 3	**Set 4**
○ ○ ○	○ ○ ○

Test ❷ 다른 것을 찾아 ✓ 표시하시오.

Triangulation - "?" Mark "✓" by the different cuo from other two.

Set 1	Set 2
○ ○ ○	○ ○ ○
Set 3	**Set 4**
○ ○ ○	○ ○ ○

⑥ Level 2-6

목 적	커피 속의 다양한 산 구분, 인지, 묘사능력 테스트
준비물	(1) 산미가 없고 중성적인 커피(약 1.2% TDS) (2) 구연산 / 사과산 / 인산 시약 바이알(Intensity 1) (3) 커피 산(Acid) Triangulation 용지
방 법	(1) 커피를 600ml 추출하여 3컵에 200ml씩 나눠 준비한다. (2) 구연산을 1번 컵에, 사과산을 2번 컵에, 인산을 3번 컵에 넣는다.(Intensity 1) (3) 각 200ml의 산 용액을 소주잔 정도의 작은컵 5(구연산 5컵, 사과산 5컵, 인산 5컵)개로 각각 나눈다. (4) 작은컵을 이용해 3세트의 산(Acid) 삼점법 테스트를 만든다. ex) 3세트 : BBC, BAB, ACA (5) 한 번에 3개의 커피 샘플이 제시되며, 2가지 커피는 같고, 1가지 커피는 다르다. (6) 커피 샘플을 맛보고, 다른 1가지 커피를 용지에 표시하며 산의 종류를 적는다. (7) 답을 확인하고 채점한다.
예 시	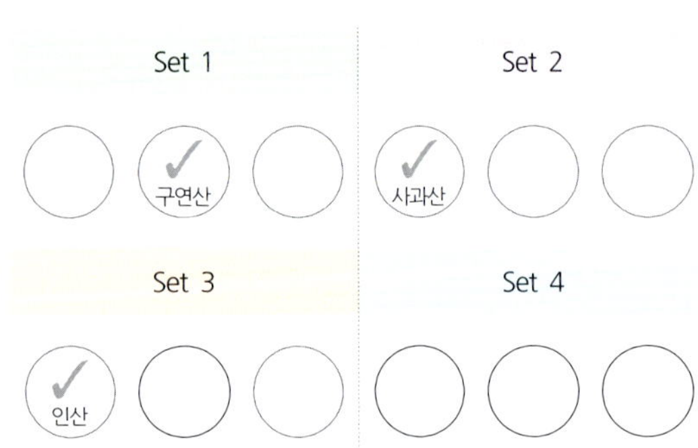
채 점	

PRACTICE

Test ❶ 다른 것을 찾아 ✓ 표시하시오.

Triangulation - "?" Mark "✓" by the different cuo from other two.

Set 1	Set 2
○ ○ ○	○ ○ ○
Set 3	**Set 4**
○ ○ ○	○ ○ ○

Test ❷ 다른 것을 찾아 ✓ 표시하시오.

Triangulation - "?" Mark "✓" by the different cuo from other two.

Set 1	Set 2
○ ○ ○	○ ○ ○
Set 3	**Set 4**
○ ○ ○	○ ○ ○

⑦ Level 2-7

목 적	커피의 농도를 구분하는 능력 트레이닝 1
준비물	(1) 에스프레소 추출액(6.5~7.5 TDS 내 · 외) (2) TDS Meter (3) Hot Water(60~70℃) (4) 커피농도 순위법 용지
방 법	(1) 에스프레소를 추출하여, Hot Water(60~70℃)와 TDS Meter를 이용하여 희석한다. (2) A/B/C TDS로 희석된 3가지 커피를 각 100ml씩 컵에 붇는다. (3) 기준샘플 A(기준 5)를 제공하고, 나머지 2가지 커피를 맛보고 나서, 강도를 용지에 표시한다.  농도 구분 테스트 (4) 각자 가장 선호하는 커피를 선택하고 이유에 대해 토론한다. (5) TDS를 공개하고, 다시 한 번 3개의 커피를 먹고 바디감의 강도를 기억한다.
예 시	기준샘플을 맛보고 이를 5(보통강도)라고 할 때, 나머지 2개의 샘플의 강도는 어느 정도 되는지 해당하는 강도에 표시(I)하시오. **바디감의 강도** (1) 매우 약함 (5) 보통이다 (9) 매우 강함
채 점	

PRACTICE

연습 ❶

기준샘플을 맛보고 이를 5(보통강도)라고 할 때,
나머지 2개의 샘플의 강도는 어느 정도 되는지 해당하는 강도에 표시(I)하시오.

바디감의 강도

(1) 매우 약함 (5) 보통이다 (9) 매우 강함

연습 ❷

기준샘플을 맛보고 이를 5(보통강도)라고 할 때,
나머지 2개의 샘플의 강도는 어느 정도 되는지 해당하는 강도에 표시(I)하시오.

바디감의 강도

(1) 매우 약함 (5) 보통이다 (9) 매우 강함

⑧ Level 2-8

<table>
<tr><td>목 적</td><td>커피의 농도 구분하는 능력 테스트</td></tr>
<tr><td>준비물</td><td>(1) 에스프레소 추출액(6.5~7.5 TDS 내 · 외)
(2) TDS Meter
(3) Hot Water(60~70℃)
(4) 삼점법 용지 : 커피의 농도</td></tr>
<tr><td>방 법</td><td>(1) 에스프레소를 추출하여 Hot Water(60~70℃)와 TDS Meter를 이용하여 희석한다.
(2) A/B/C TDS로 희석된 5가지 커피를 각 100ml×3컵씩 준비한다.
(2) 한 번에 3개의 샘플이 동시에 제시되며, 2가지 샘플은 같고, 나머지 한 가지의 샘플은 다르다.(3세트가 제공된다 : BBC, BAB, ACA)
(3) 3가지 샘플을 맛보고, 다른 한 가지 샘플을 찾아 용지에 표시한다.
(4) 답을 확인하고 채점한다.
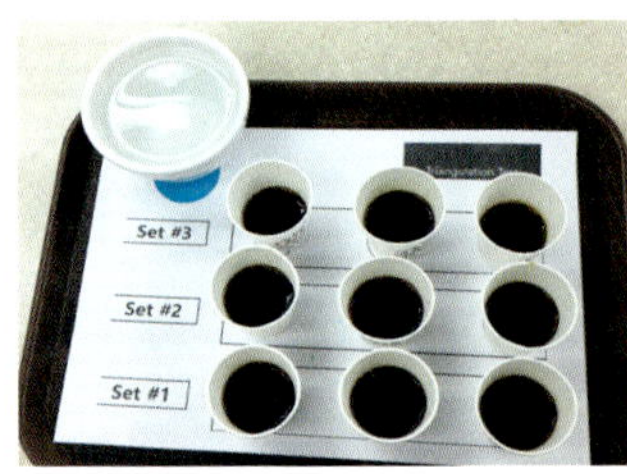

농도 구분 Triangulation(삼점법) 테스트</td></tr>
<tr><td>예 시</td><td>Set 1: ✓ ○ ○
Set 2: ○ ○ ✓
Set 3: ○ ✓ ○
Set 4: ○ ○ ○</td></tr>
<tr><td>채 점</td><td></td></tr>
</table>

PRACTICE

Test 1

다른 것을 찾아 ✓ 표시하시오.

Triangulation - "?" Mark "✓" by the different cuo from other two.

Set 1	Set 2
○ ○ ○	○ ○ ○
Set 3	**Set 4**
○ ○ ○	○ ○ ○

Test 2

다른 것을 찾아 ✓ 표시하시오.

Triangulation - "?" Mark "✓" by the different cuo from other two.

Set 1	Set 2
○ ○ ○	○ ○ ○
Set 3	**Set 4**
○ ○ ○	○ ○ ○

⑨ Level 2-9

<table>
<tr><td>목 적</td><td>타깃 강도(커피의 농도)에 맞게 희석할 수 있는 능력 트레이닝</td></tr>
<tr><td>준비물</td><td>(1) 에스프레소 추출액(6.5~7.5 TDS 내 · 외)
(2) Hot Water(60~70℃), 종이컵
(3) TDS Meter</td></tr>
<tr><td>방 법</td><td>(1) 에스프레소 2샷을 추출한다.
(3) 2개의 종이컵에 각각 에스프레소샷을 넣고 준비된 Hot Water(60~70℃)를 이용하여 타깃 강도에 맞게 희석한다.(타깃 : 1.0/1.2/1.4 TDS 중 2개)
(3) 커피의 온도가 30℃ 이하로 떨어지면 TDS Meter를 이용하여
(4) 타깃(±0.1 TDS) 범위에 들어갈 때까지 희석을 반복한다.
*제한시간 10분</td></tr>
<tr><td>예 시</td><td></td></tr>
<tr><td>채 점</td><td></td></tr>
</table>

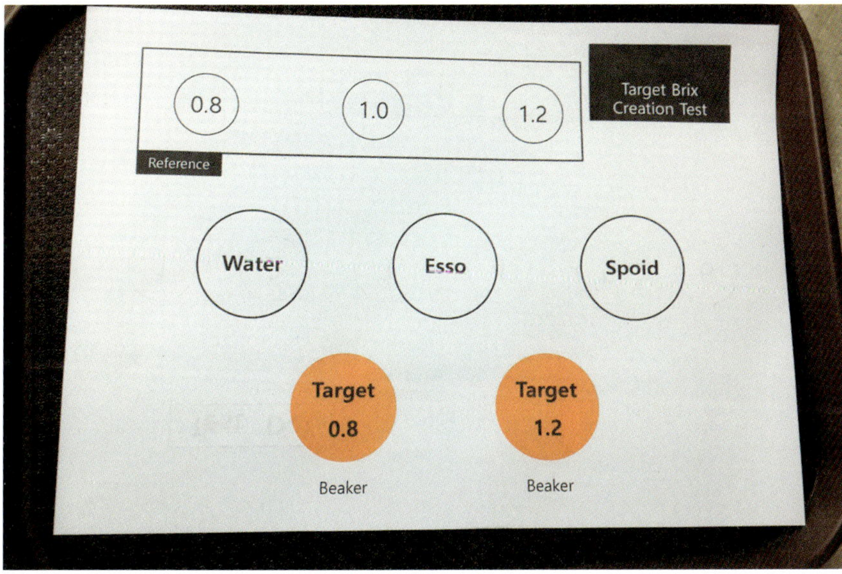
0.8
1.0
1.2
Reference
Target Brix
Creation Test
Water
Esso
Spoid
Target
0.8
Beaker
Target
1.2
Beaker

Reference
Beaker

(4) 고급단계Master

① Level 3-1

목 적	다양한 산(Acid) 구분, 인지, 묘사능력 심화 트레이닝
준비물	(1) 5가지 샘플 : 구연산, 사과산, 인산, 초산, 젖산(Intensity 1) (2) 산(Acid) 뉘앙스 용지
방 법	(1) 구연산, 사과산, 인산, 초산, 젖산 5가지 샘플을 준비한다.(Intensity 1) (2) 블라인드 테스트를 한다. (3) 샘플을 맛보고 각각 신맛의 특징, 연상되는 과일, 그리고 그래프를 용지에 묘사한다. (4) 답을 확인한다. (5) 3가지 용액샘플에 대한 인상이 각인될 때까지 최대 3회까지 반복한다.
예 시	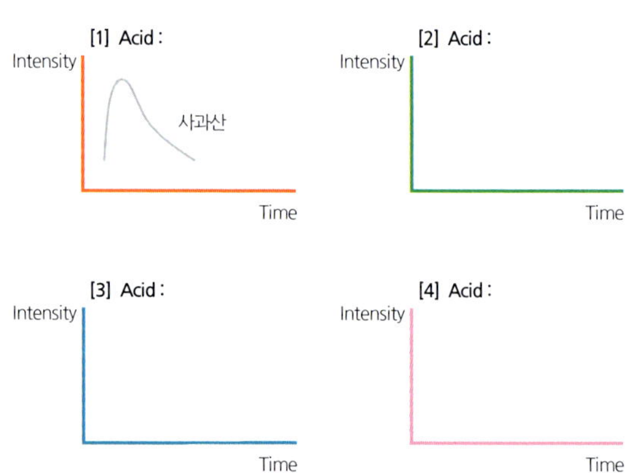
채 점	

PRACTICE

연습 ❶

[1] Acid :

[2] Acid :

[3] Acid :

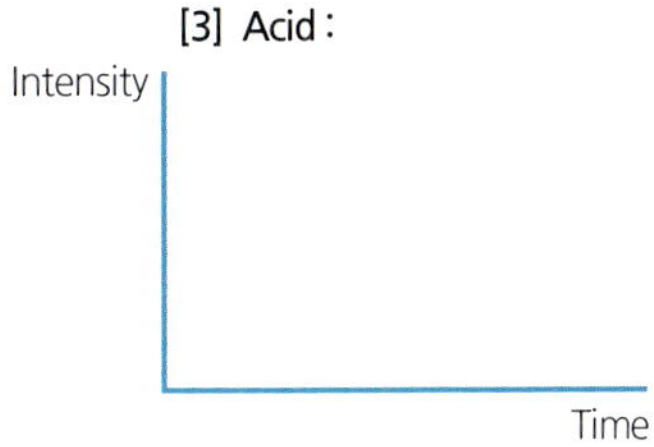

[4] Acid :

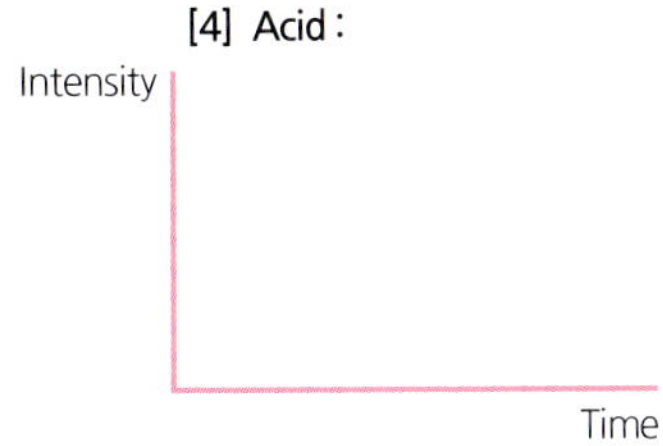

연습 ❷

[1] Acid :

[2] Acid :

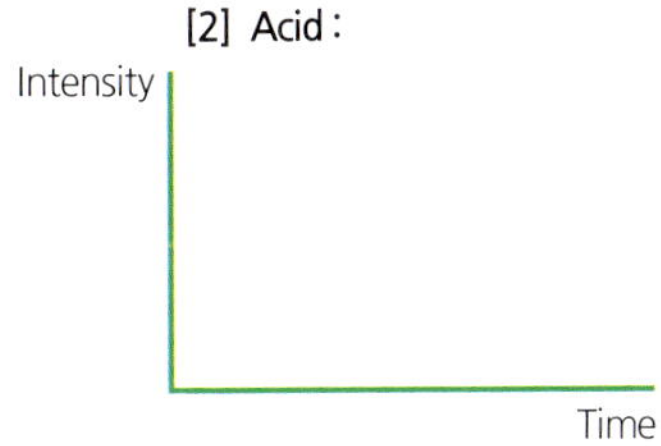

[3] Acid :

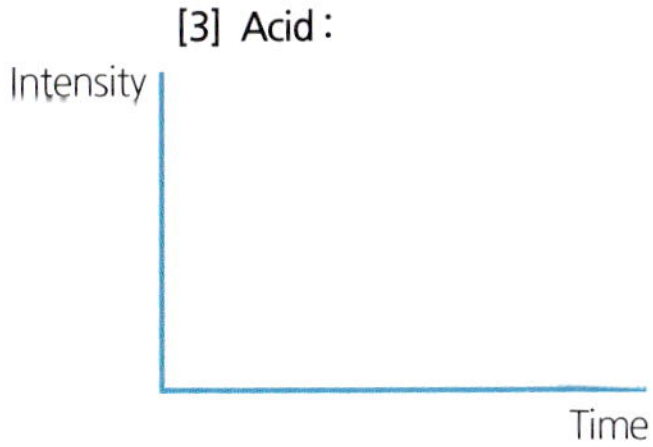

[4] Acid :

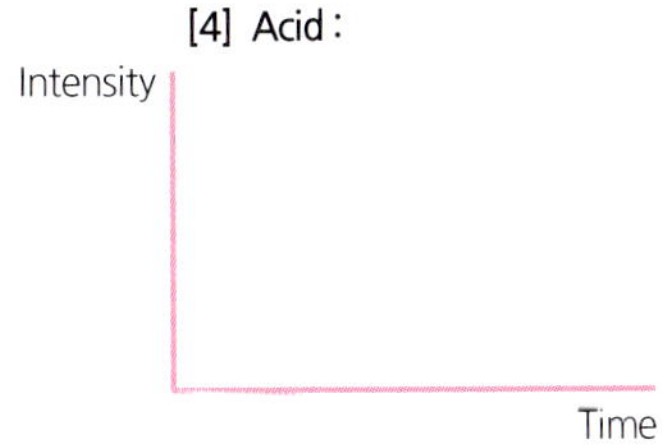

② Level 3-2

목 적	다양한 산 구분, 인지 심화테스트 1
준비물	(1) 3가지 샘플 : BBC, BAB, ACA (2) 산(Acid) Triangulation 용지
방 법	(1) 구연산, 사과산, 인산, 초산, 젖산 5가지 산(Acid) 샘플 각각 3개씩을 준비한다.(Intensity 1) (2) 한 번에 3개의 샘플이 동시에 제시되며, 2가지 샘플은 같고, 나머지 한 가지의 샘플은 다르다. ex) 3세트 : BBC, BAB, ACA (3) 3가지 샘플을 맛보고, 다른 한 가지 샘플을 찾아 용지에 표시한다. (4) 각 샘플에 들어있는 산의 종류를 용지에 적는다. (5) 답을 확인하고 채점한다.
예 시	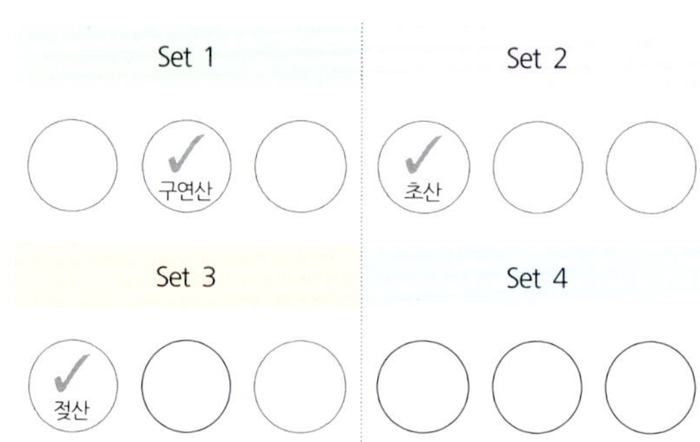
채 점	

PRACTICE

Test ❶

다른 것을 찾아 ✓ 표시하시오.

Triangulation - "?" Mark "✓" by the different cuo from other two.

Set 1	Set 2
○ ○ ○	○ ○ ○
Set 3	**Set 4**
○ ○ ○	○ ○ ○

Test ❷

다른 것을 찾아 ✓ 표시하시오.

Triangulation - "?" Mark "✓" by the different cuo from other two.

Set 1	Set 2
○ ○ ○	○ ○ ○
Set 3	**Set 4**
○ ○ ○	○ ○ ○

③ Level 3-3

목 적	커피 속 다양한 산 구분, 인지, 묘사능력 심화테스트 2
준비물	(1) 중성적인 향미특성을 지닌 커피(약 1.2 TDS) (2) 구연산 / 사과산 / 초산 / 젖산 / 인산 시약 바이알(Intensity 1) (3) 커피 산(Acid) Triangulation 용지
방 법	(1) 커피를 1,000ml 추출하여 5컵에 200ml씩 나눠 준비한다. (2) 구연산을 1번 컵에, 사과산을 2번 컵에, 초산을 3번 컵에, 젖산을 4번 컵에, 인산을 5번 컵에 넣는다.(Intensity 1) (3) 각각 200ml의 산 용액을 소주잔 정도의 작은컵 5개(구연산 5컵, 사과산 5컵, 초산 5컵, 젖산 5컵, 인산 5컵)로 각각 나눈다. (4) 작은컵을 이용해 4세트의 산(Acid) 삼점법 테스트를 만든다. ex) 3세트 : BBC, BDB, EEA, CAC (5) 한 번에 3개의 커피 샘플이 제시되며, 2가지 커피는 같고, 1가지 커피는 다르다. (6) 커피 샘플을 맛보고 다른 1가지 커피를 용지에 표시한 후 산의 종류를 적는다. (7) 답을 확인하고 채점한다.
예 시	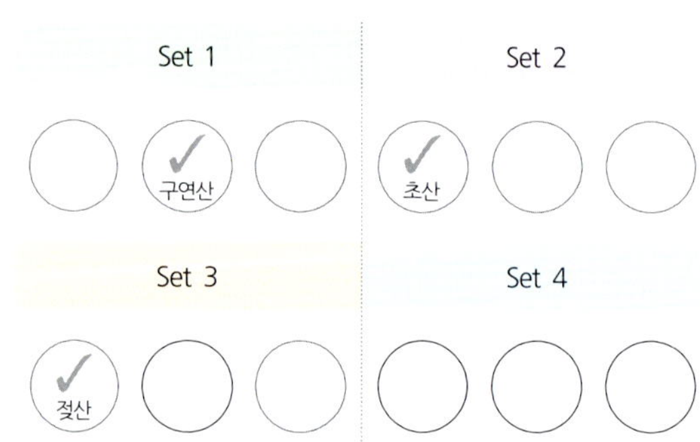
채 점	

PRACTICE

Test ❶

다른 것을 찾아 ✓ 표시하시오.

Triangulation - "?" Mark "✓" by the different cuo from other two.

Set 1	Set 2
○ ○ ○	○ ○ ○
Set 3	**Set 4**
○ ○ ○	○ ○ ○

Test ❷

다른 것을 찾아 ✓ 표시하시오.

Triangulation - "?" Mark "✓" by the different cuo from other two.

Set 1	Set 2
○ ○ ○	○ ○ ○
Set 3	**Set 4**
○ ○ ○	○ ○ ○

④ Level 3-4

목 적	다양한 당(Sugar)의 구분, 인지, 묘사능력 트레이닝
준비물	(1) 4가지 샘플 : 설탕, 과당, 포도당, 흙설탕(Intensity 1)
방 법	(1) 설탕, 과당, 포도당, 흙설탕 4가지 용액 샘플을 준비한다. (2) 샘플을 맛보고 각각 단맛의 뉘앙스를 용지에 묘사한다. (3) 4가지 용액 샘플에 대한 인상이 각인될 때까지 (1), (2)를 2회 추가 반복한다.
예 시	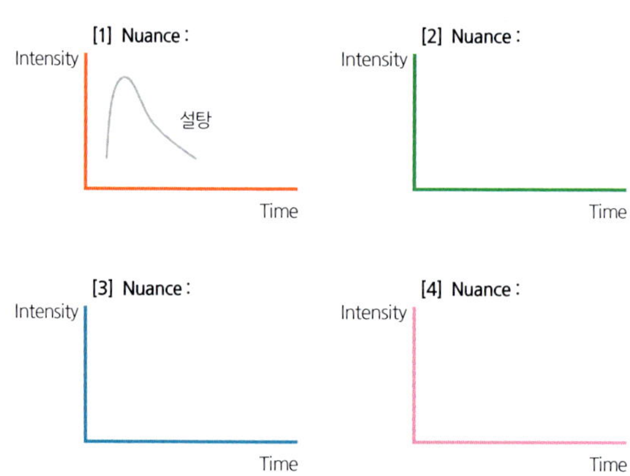
채 점	

PRACTICE

연습 ❶

[1] **Nuance :**

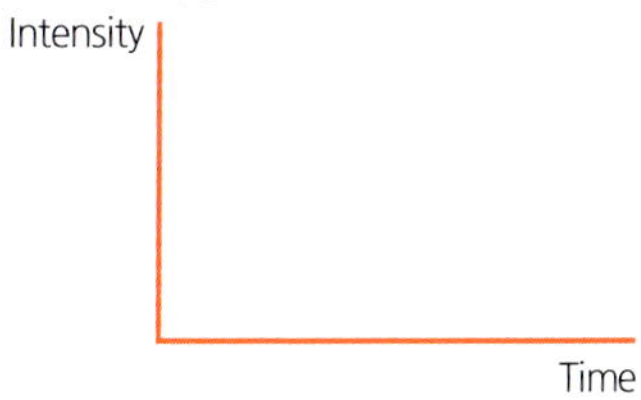

[2] **Nuance :**

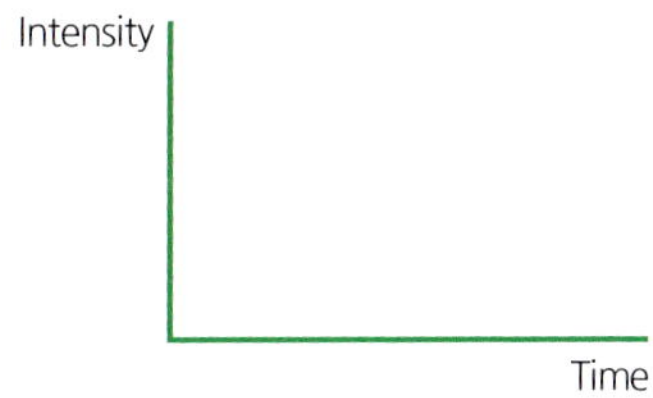

[3] **Nuance :**

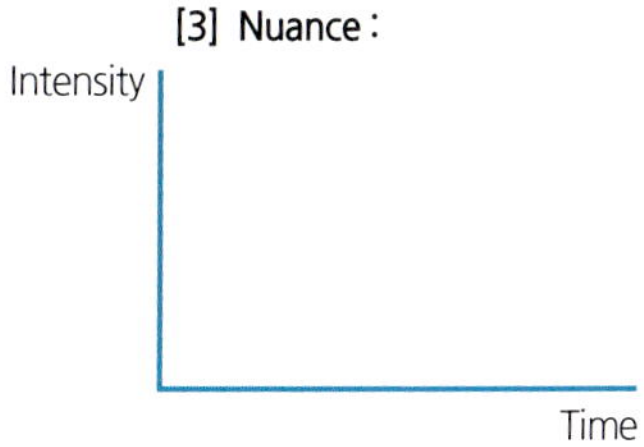

[4] **Nuance :**

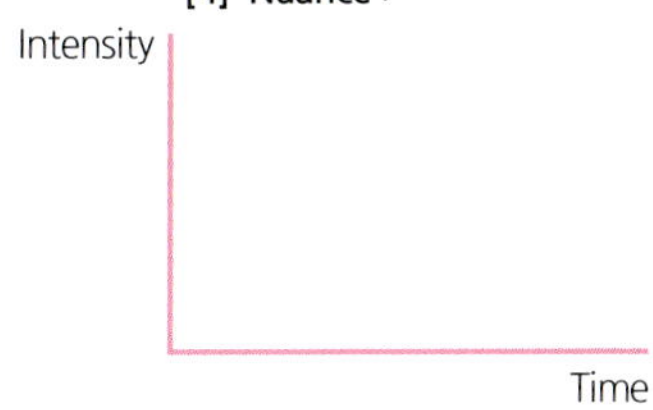

연습 ❷

[1] **Nuance :**

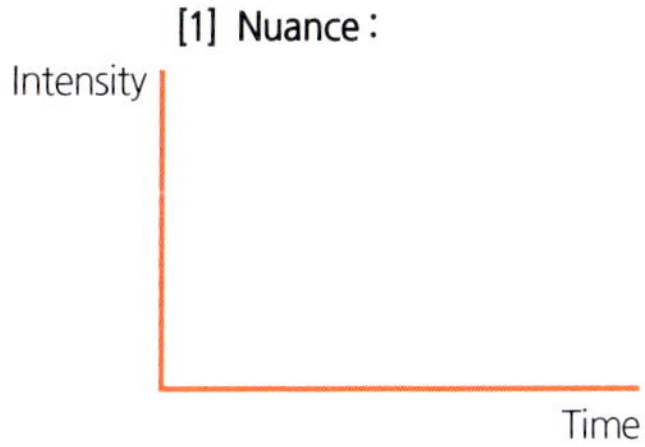

[2] **Nuance :**

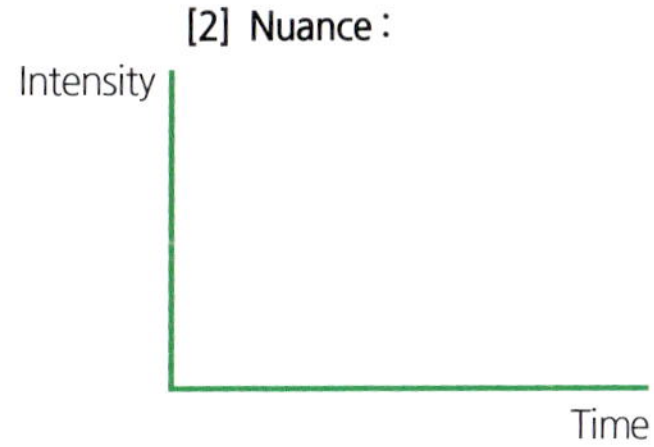

[3] **Nuance :**

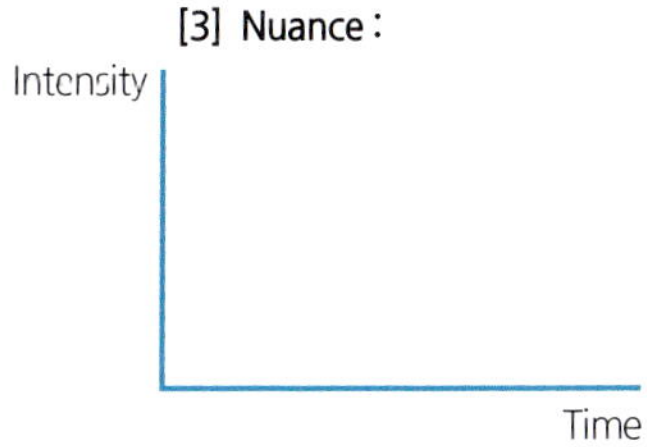

[4] **Nuance :**

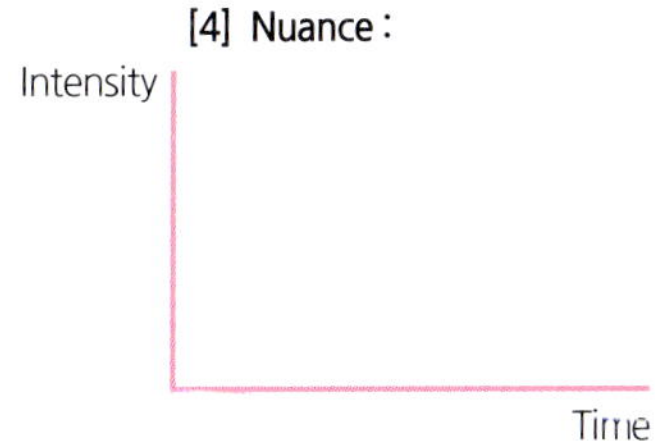

⑤ Level 3-5

목 적	다양한 당(Sugar)의 구분, 인지, 묘사능력 테스트
준비물	(1) 4가지 샘플 : 설탕, 과당, 포도당, 흑설탕(Intensity 1) (2) 당(Sugar) Triangulation 용지
방 법	(1) 설탕, 과당, 포도당, 흑설탕 4가지 당(Sugar) 용액샘플 각각 3개씩을 준비한다. (2) 한 번에 3개의 커피 샘플이 제시되며, 2가지 커피는 같고, 1가지 커피는 다르다. (3) 커피 샘플을 맛보며 다른 1가지 커피를 용지에 표시하고, 당의 종류를 적는다. (4) 답을 확인하고 채점한다.
예 시	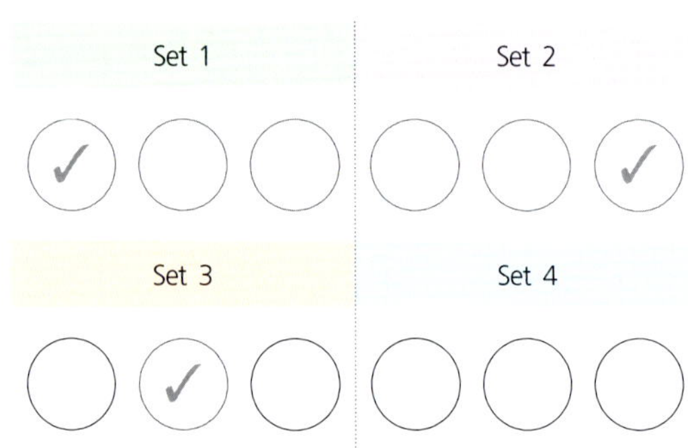
채 점	

PRACTICE

Test 1

다른 것을 찾아 ✓ 표시하시오.

Triangulation - "?" Mark "✓" by the different cuo from other two.

Set 1	Set 2
○ ○ ○	○ ○ ○
Set 3	**Set 4**
○ ○ ○	○ ○ ○

Test 2

다른 것을 찾아 ✓ 표시하시오.

Triangulation - "?" Mark "✓" by the different cuo from other two.

Set 1	Set 2
○ ○ ○	○ ○ ○
Set 3	**Set 4**
○ ○ ○	○ ○ ○

CHAPTER 3

커피향미분석의 목적과 영향

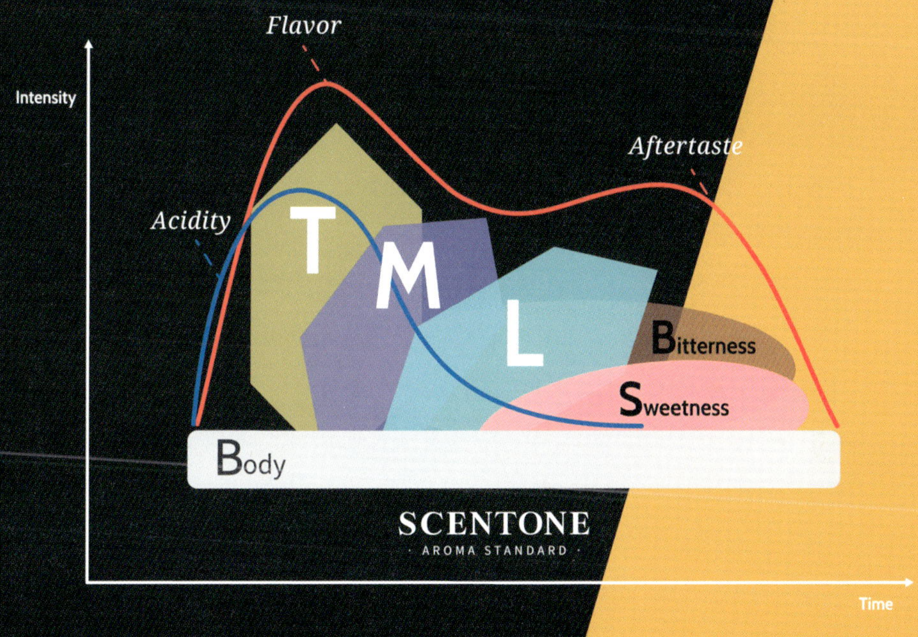

01 커피향미분석의 결과에 영향을 미칠 수 있는 것

1) 분석기기와 비교한 커피향미분석

후각과 미각 훈련을 무사히 마쳤다면, 이제는 패널로써 기본소양을 갖추게 되었다. 이제 한 발만 더 나아간다면 체계적이고 과학적인 커피향미분석가로 거듭날 수 있는 것이다.

앞에서 본 것처럼, 커피향미분석은 인간의 미각, 후각, 시각, 촉각, 청각의 5가지 감각을 이용하여 커피의 관능적 특성인 외관, 향미 및 바디감 등을 체계적이고 과학적으로 평가하는 것이다. 고가의 분석기기 장비와 비교해 볼 때 이러한 향미분석방법은 결국 사람이 측정기구가 되어 커피의 특성을 평가하는 방법으로써 기계적 · 이화학적 검사가 할 수 없는 부분을 담당한다.

이렇듯 사람이 직접 하는 향미분석은 커피메뉴 개발이나 품질관리의 경우에 반드시 필요하지만, 아쉽게도 분석기기에 비해 확실하게 증명하기가 어렵다는 부분이 있다. 그럼에도 불구하고 때로는 사람의 감각기관이 기계조차도 분석하지 못하는 것들을 찾아내는 것을 보면, 향미분석의 중요성을 다시 한 번 깨닫게 된다. 이를 그림으로 정리하면 다음과 같다.

장 점	단 점
선호도·기호도 평가는 분석기기장비가 할 수 없다.	커피향미분석 시 다양한 오류에 빠지기 쉽다.
기기가 분석하지 못하는 결과를 사람의 감각으로 찾기도 한다.	수준 높은 훈련을 받지 않을 경우 항상 같은 결과를 내리기 어렵다.
향미를 종합적으로 이해하고 판단을 내릴 수 있다.	향미를 말로 표현하는 것은 제한이 있다.

분석기기 장비와 비교한 커피향미분석의 장·단점

따라서 커피향미분석을 할 때에는 이러한 사실을 충분히 이해하고, 기기분석 못지않은 수준 높은 결과를 도출하기 위한 노력이 필요하다. 아울러 단점을 줄이기 위해 향미분석 평가 시에는 다음과 같은 부분들을 고려하는 것이 중요하다.

향미분석 패널 체크리스트

- ☐ 향미분석 평가에 적극적으로 참여할 수 있으며, 충분한 시간이 있는가?
- ☐ 향미분석 평가에서 편견이 없는가?
- ☐ 향미분석 평가를 반복할 수 있는가?
- ☐ 정상적으로 감각이 느껴지는가?
- ☐ 느낀 것을 문장으로 표현할 수 있는가?
- ☐ 심리적·생리적으로 문제가 없는가?
- ☐ 치아에 문제가 있는가?
- ☐ 영양적으로 결핍한 상태인가?
- ☐ 흡연 중인가?

향미분석 경험이 많은 사람은 짧은 시간에 많은 평가가 가능하다. 그러나 너무 나이가 어린 경우 집중력이 떨어지고, 너무 노령인 경우 감각능력이 떨어질 수 있다. 또한 식품의 기호도에 있어 국가별 · 지역별 차이가 크다는 점을 감안해야 한다. 마지막으로, 적어도 식후 2시간 이후에 향미분석을 시행해야 한다.

2) 향미분석의 방법 및 목적

현업에서 일하는 바리스타와 로스터의 편의를 위해 패널수를 현실적으로 조정한다.

(1) 차이식별

- 커피의 품질 차이를 식별하는 경우이다.
- 6명 이상의 전문패널이 필요하다.

(예 시) 3점 시험법Triangulation Test

가장 간단하고 많이 활용되는 차이식별법으로 동일한 커피(A) 2컵과 그와 다른 커피(B) 1컵, 총 3컵을 동시에 패널이 향미 평가한 후, 다른 커피(B)를 찾는 시험방법이다. 향미분석 패널을 선정할 때 또는 커피 간의 작은 특성 차이를 파악하고자 할 때 효과적이다.

(2) 묘사분석

- 커피의 품질특성을 묘사하는 경우이다.
- 특성들 차이를 세부적으로 묘사한다.
- 고도의 훈련을 거친 전문패널 4명 이상이 필요하다.

(3) 기호도평가

기호도 조사 패널은 미각&후각이 정상이어야 하며, 5가지 기본맛(단맛, 짠맛, 신맛, 쓴맛, 우마미)을 식별할 수 있어야 하며, 농도 차이도 식별할 수 있어야 한다.

- 좋고 싫음을 주관적으로 평가하여 소비자 기호도조사에 활용한다.
- 비전문패널 20명 이상 또는 특정그룹이 필요하다.
- 정량적 평가에 적합하다.

이런 향미분석에서 효과를 보기 위해서는 알기 쉬운 평가표를 사용하는 것이 중요하고, 평가방법이나 용어 등이 충분히 설명되어야 한다.

3) 향미분석의 결과에 영향을 주는 요인

커피향미분석은 뚜렷한 목적이 있음에도 불구하고 방법에서의 오류나 평가자들의 신뢰도 문제 등으로 오히려 왜곡된 정보를 도출하기도 한다. 따라서 결과에 영향을 미칠 수 있는 요인을 사전에 충분히 이해하고 향미분석을 하는 것이 매우 중요하다. 다양한 요인에 따라 다음과 같이 정리하였다.

(1) 생리적인 요인

① 둔화Adaptation

- 외부자극이 계속됨에 따라 예민도가 떨어지는 것을 말한다.

  (예 시) 화장실에 처음 들어갔을 때 나던 불쾌한 냄새가 금새 느껴지지 않게 되는 것과 마찬가지의 원리이다.

② 강화Enhancement

- 하나의 자극이 그 다음 이어지는 자극의 강도를 증가시키는 것을 말한다.

  (예 시) 메론에 소금을 살짝 치면 단맛이 오히려 더 강하게 느껴진다.

③ 상승Synergy

- 두 가지 물질이 따로 있을 때보다 섞였을 때 자극의 강도가 강하게 느껴지는 것을 말한다.

④ 억제Suppression

- 어떤 물질에 대한 자극의 강도가 따로 있을 때보다 섞였을 때 약하게 느껴지는 것을 말한다.

  (예 시) 쓴맛이 강한 커피에 시럽을 넣으면 쓴맛의 강도가 약하게 느껴진다.

(2) 심리적인 요인

심리적인 요인에 의해 커피향미분석 결과에 오차가 생기는 경우는, 일반적으로 평가자가 향미분석의 경험이 미숙한 경우나 제품에 대한 인지도가 낮을 때 많이 발생한다.

① 기대오차Expectation Error

- 실제의 차이가 없지만, 있을 것이라고 기대하고 판단할 때 발생하는 오차이다. 커피에 대한 사전정보를 갖게 되는 경우, 선입견을 갖게 된다. 한편으로 차이가 없는 동일한 커피가 주어진 경우에도, 때로는 실제 없는 차이를 보고하게 된다.

  (예 시) 커피가 올드 크롭Old Crop이라는 사전정보를 얻게 되면, 나무Woody 향이 날 것이라는 편견을 갖게 된다.

  (해결책) 커피향미분석 전에 필요 이상의 정보를 주지 않는다.

② 중앙경향오차Central Tendency Error

- 극단적인 점수를 주는 것을 두려워하는 경향을 말한다.

- 9점 척도(1~9)에서 패널은 극단적인 점수를 주지 않는다.

(해결책) 척도의 기준을 좀 더 명확히 해야 한다.

③ 자극오차Stimulus Error

- 용기나 주위환경에 의한 오차를 말하는 경우로, 특성을 잘 모르는 제품을 테스트할 때 주로 발생한다. 커피 자체와 상관없는 다른 특성들이 평가결과에 영향을 끼친다.

(예 시) 커피를 제공하는 잔의 형태에 따라 평가결과가 달라질 수 있다.

④ 습관오차

- 자극의 강도가 매우 작게 증가하거나 감소하는 경우, 자극의 강도를 동일하게 느끼는 경향을 말한다.

(해결책) 이런 오차는 반복훈련을 통해 줄일 수 있다.

⑤ 후광효과Halo Effect

- 전체적인 평가가 좋은 커피는 다른 특성까지도 다 좋게 평가되기도 한다.

(예 시) 세계 3대 커피는 향과 맛이 다 좋을 것 같다.

⑥ 대조오차Contrast Effect

- 커피 샘플의 제공순서에 따른 오차이다.

(예 시) 품질 좋은 커피를 평가한 다음, 좋지 않은 커피를 평가하면 대조되어 따로 평가할 때보다 훨씬 더 나쁘게 느껴진다.

⑦ 기호오차

- 특성과 상관없이 커피 샘플에 붙여진 기호나 번호가 결과에 영향을 끼치는 경향을 말한다.

(해결책) 세 자릿수의 난수를 사용한다.

⑧ 순서오차Order Error

- 여러 잔의 커피를 향미분석할 때, 첫 번째 커피에 높은 점수를 주는 경향이 있다.

  (해결책) 순서를 균형 있게 분배해야 한다.

⑨ 위치오차Position Error

- 커피의 특성과 상관없이 위치에 따라 결과가 달라질 수 있다. 특정 위치에 놓여진 커피가 높은 점수를 받기도 한다.

  (해결책) 커피를 일렬로 놓지 않고 삼각형으로 배열한다.

⑩ 그룹효과Group Effect

- 평가결과가 좋은 많은 커피들 사이에서, 품질이 좋지 않은 커피는 따로 평가될 때보다 더 좋은 평가를 받기도 한다. 반대도 마찬가지이다.

  (해결책) 패널연습, 정확한 기준제시

4) 커피향미분석실 환경인증

커피향미분석을 진행함에 있어 신뢰할 만한 환경을 제공할 수 있도록 함에 목적이 있다. 커피향미분석 패널은 외부환경의 영향을 받기 때문에 온도나 습도, 조명, 소음 등 평가에 적합한 환경을 만드는 것이 중요하다.

일반적인 시설에서도 가능할 수 있다는 것을 전제로 다음과 같이 정리할 수 있다.(참조 : KICCI Certified Good Lab 가이드라인 / 사진사료 : IMPATICO COFFEE LAB(울산))

(1) 커피향미분석실 환경기준

① 커피향미분석실 규격(가로 / 세로 = WL)

- 커피향미분석실은 분석하고자 하는 샘플의 종류에 따라 구획이 나누어져야 한다.
- 향미분석용 테이블과 벽과의 최소한의 간격 : 100cm
- 한 명의 학생이 향미분석을 하기 위한 최소한의 테이블 사이즈 : WL = 60cm×30cm
- Water TDS 기준(총 용존고형분) : 50~200ppm(한국 기준)

② 커피향미분석실 기준

- 빔프로젝터 또는 스크린을 통해 이론수업이 가능해야 한다.
- 프린터가 구비되어 있어 관련자료를 언제든 인쇄할 수 있어야 한다.
- 조도 : 커피향미분석 테이블 표면의 모든 위치에서 1,200LUX가 넘어야 한다.
- 필요에 따라 삼점테스트Triangulation Test를 위해 적합한 암막Black-out과 적색 등이 가능해야 한다.

③ 중요장비 1

- 커머셜 그라인더는 분쇄입자의 균일도를 증명할 수 있어야 한다.(1년 내 영수증 필요)
- 인증된 정수시스템이 갖춰져 있어야 한다.
- 물에서 이미 · 이취나 소독약 냄새가 나지 말아야 한다.
- Water TDS 기준(총 용존고형분) : 75~250ppm

④ 중요장비 2

- 동시에 각 학생이 최소한 0.8L의 뜨거운 물을 사용할 수 있어야 한다.
- 저울 2개 : 0.01g 기준저울 한 개, 100g 기준저울 한 개

- 250ml 실린더가 구비되어 있어야 한다.

⑤ 환경

- 소화기가 준비되어 있는가?
- 응급상자가 구비되어 있는가?
- 온도 · 습도 조절장치가 있는가?
- 분석에 방해가 되는 이취가 나지 않는가?
- 환풍이 가능한가?
- 내부와 외부는 소음과 단절되어 있는가?
- 내부와 외부는 깨끗하게 유지되고 있는가?

⑥ 집기

- 향미분석용 컵 또는 잔은 모양 및 재질이 균일해야 한다.
- 컵 또는 잔의 볼륨은 200~250ml 규격에 맞아야 한다.
- 컵 또는 잔의 지름은 7.5~9cm 규격에 맞아야 한다.
- 1명의 학생을 위해 최소한 6개의 컵 또는 잔이 구비되어 있어야 한다.
- 1명의 학생을 위해 최소한 2개의 커핑스푼이 구비되어 있어야 한다.
- 3명의 학생 당 적어도 1개의 커피 아로마키트가 구비되어 있어야 한다.
- 미각테스트를 위한 산Acid 용액이 구비되어 있거나 제공받을 수 있어야 한다.
- 커피테이스팅폼Basic or Advanced이 프린트되어 있어야 한다.
- 트레이, 클립보드, 타이머 2개가 구비되어 있어야 한다.
- 테이스팅 후 찌꺼기를 치울 버킷이 구비되어 있어야 한다.

⑦ 생두감별실 기준 및 규격

- 1명의 학생이 생두감별을 위한 최소한의 테이블 사이즈 : WL = 60cm×30cm
- 조도 : 생두감별용 테이블 표면의 모든 위치에서 1,200LUX가 넘어야 한다.

- 생두결점두 키트와 관련책자가 구비되어 있어야 한다.

⑧ 그 외

- 칼슘 경도(권장) : 17~85mg/L
- 인증된 색도계 / 수분측정계
- 인증된 물테스트 장비 : TDS / pH Meter / Buffer
- 인증된 분쇄원두 입자분포도 측정기
- 커핑 프로토콜

(2) 커피향미분석실 규격실례

커피향미분석실(가로 / 세로 = WL)은 분석하고자 하는 샘플에 따라 구획이 나누어져야 한다. Cupping Room, Green Grading Room, Cupping Room 등 평가 항목에 따라 방이 구분되는 것이 최선이지만, 필수는 아니다.

다음은 구획 그림 예시이다.

커피향미분석실의 구조 및 구획

1
로스팅실과 향미분석실이 적절하게 잘 분리되어 있다. 로스팅 중에 발생한 물질로 인해 생길 수 있는 향미분석의 오류를 줄일 수 있다.

테이스팅 & 커핑룸

1
향미분석용 테이블간과 벽과의 최소한의 간격 : 100cm

2
패널들의 동선이 겹치지 않을 수 있는 최소한의 공간이 확보되어야 한다.

1

한 명이 향미분석을 하기 위한 최소한의 테이블 사이즈
WL = 60cm × 30cm

2

한 테이블에 4~6명의 패널이 동시에 평가할 수 있는 것이 적합하다.

1
향미분석을 위한 테이블 폭은 60cm만 넘어도 문제없지만, 추가적인 테스트를 위해 충분한 공간을 확보하였다.

커피향미분석실 기준

1
향미분석테이블 조도는 모든 위치에서 1,200LUX가 넘어야 한다.

1
조도는 테이블의 다양한 곳에서,
최소한 테이블 3군데 이상에서
조도를 측정하여 확인한다.

1

삼점테스트(Triangulation Test)를 위해 암막(Black-out)과 적색등이 가능해야 한다.

1
특히 삼점법검사 이전에 눈으로 커피의 차이를 구분할 수 없도록 모든 불을 소등한 후에 적색등을 켜고 진행한다.

중요장비 1

1
커머셜 그라인더는 분쇄입자의 균일도를 증명할 수 있어야 한다. (1년 내의 영수증 필요)

1

Certified 정수시스템이 갖춰져 있어야 한다.

2

물에서 이취나 소독약 냄새가 나지 말아야 한다.

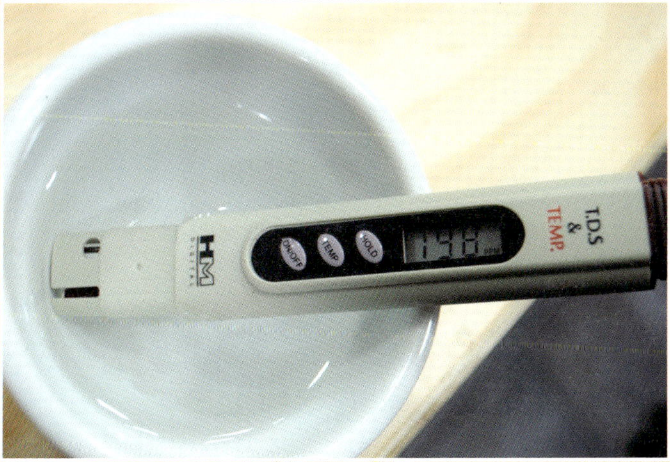

1

Water TDS 기준(STD) : 50~200ppm

2

세 번 체크해서 평균값을 낸다.

중요장비 2

1

동시에 한 사람 당 최소 0.8L의 뜨거운 물의 사용이 가능해야 한다.

1

250ml의 실린더가 구비되어 있어야 한다.

1
저울 2개 : 0.01g 기준저울 1개,
100g 기준저울 1개

환 경

1 빔프로젝터 또는 스크린을 통해 이론수업이 가능해야 한다.
2 프린터가 준비되어 있어 관련 자료를 항상 인쇄할 수 있어야 한다.

1 커소화기가 준비되어 있는가?
2 응급상자가 구비되어 있는가?
3 온도 · 습도 조절장치가 있는가?
4 환풍이 가능한가?
5 분석에 방해가 되는 이취가 나지 않는가?
6 내부 · 외부 소음과 단절되어 있는가?
7 향미분석실 내부 · 외부는 깨끗하게 유지되고 있는가?

집 기

1
커피향미분석용 컵 또는 잔은 모양 및 재질이 균일해야 한다.

2
컵 또는 잔의 볼륨은 200~250ml 규격에 맞아야 한다.

3
컵 또는 잔의 지름은 7.5~9cm 규격에 맞아야 한다.

4
한 명의 작업자를 위해 최소한 6개의 컵 또는 잔이 구비되어 있어야 한다.

1
한 명의 작업자를 위해 최소한 2개의 커핑스푼이 구비되어 있어야 한다.

1
세 명의 작업자 당 1개의 커피 아로마키트가 구비되어 있어야 한다.

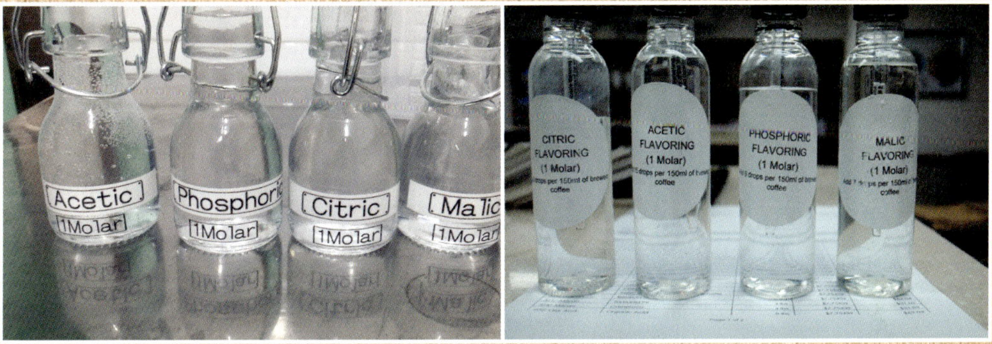

1
미각테스트를 위한 산(Acid) 용액이 구비되어 있거나 제공받을 수 있어야 한다.

1
커피테이스팅폼(Basic, Advanced)이 프린트되어 있어야 한다.

2
트레이, 클립보드 6개, 타이머 2개가 구비되어 있어야 한다.

3
테이스팅 후 찌꺼기를 치울 버킷이 구비되어 있어야 한다.

생두감별실 기준 및 규격

1
한 명의 작업자가 생두감별을 위한 최소한의 테이블 사이즈 : WL = 60cm×30cm

2
생두감별용 테이블의 조도는 모든 위치에서 1,200LUX가 넘어야 한다.

3
생두(Defect Kit)가 구비되어 있어야 한다.

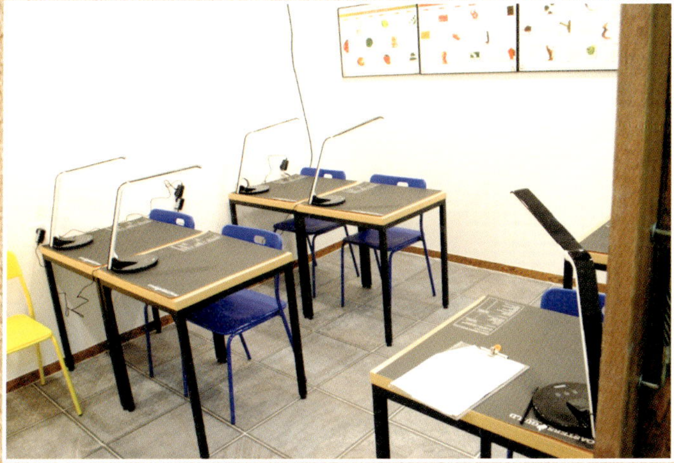

1
샌두이 결점을 눈으로 찾기 위해 충분한 공간을 확보하고 그 위에 광택이 없는 검은 종이를 올려놓는다.

1

생두감별에 무리가 없도록 60cm×30cm를 둔다. 국제 기준에 맞게 1인 기준 62cm×62cm 테이블로 세팅하는 것도 권장한다.

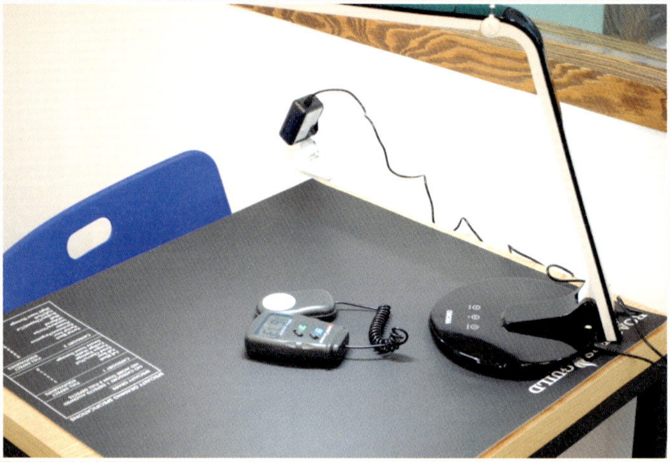

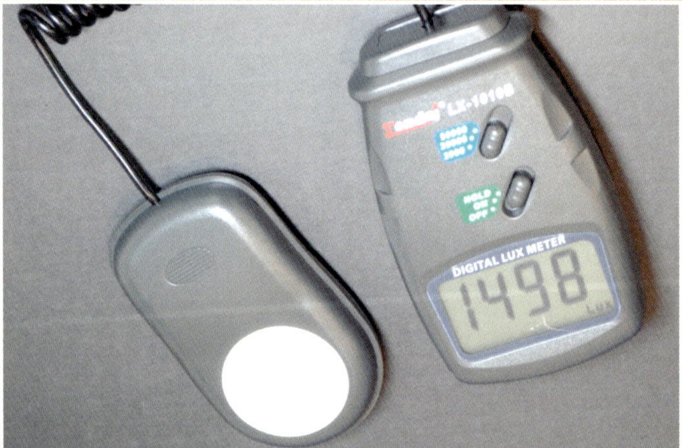

1
디펙트 키트

그 외

1
칼슘경도(권장) : 17~85mg/L

2
Certified 색도계(또는 색차패드) / 수분측정계

3
Certified 물테스트 장비 : TDS / pH Meter / Buffer

4
Certified 분쇄원두 입자분포도 측정기

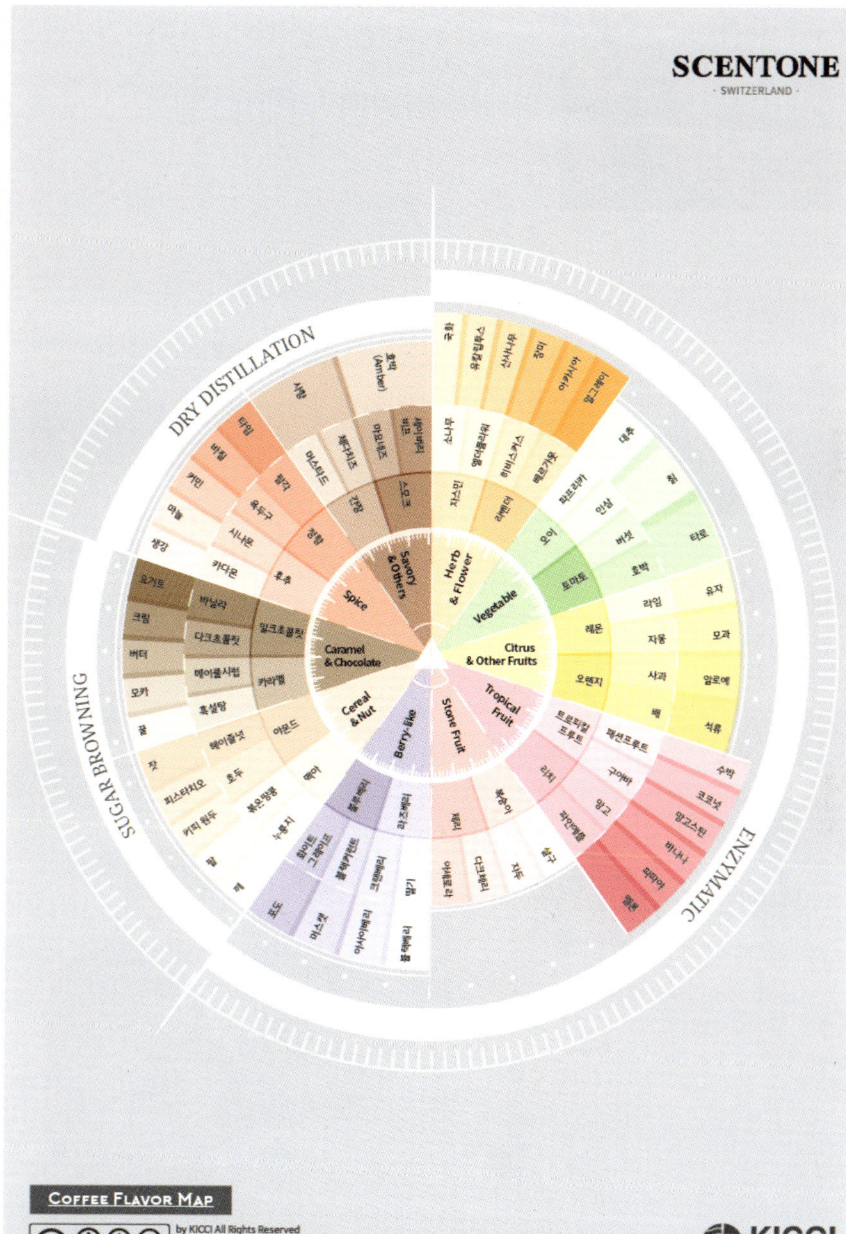
SCENTONE
· SWITZERLAND ·
DRY DISTILLATION
SUGAR BROWNING
ENZYMATIC
Herb & Flower
Vegetable
Citrus & Other Fruits
Tropical Fruit
Stone Fruit
Berry-like
Cereal & Nut
Caramel & Chocolate
Spice
Savory & Others
COFFEE FLAVOR MAP
by KICCI All Rights Reserved
KICCI
한국커피문화진흥원

02 커핑 & 테이스팅

1) 커핑(버전에 따라 업데이트 된 내용이 있을 수 있음)

(1) 커핑의 목적(생두품질 감별)

몇 년 사이에 놀랍게도 전 세계 커피시장에서 한국 커피시장의 역할이 질적 뿐만 아니라 양적으로도 중요한 수준에 이르렀다. 글로벌 시장조사 전문기관

인 〈유로모니터인터내셔널〉이 전 세계 80개국을 대상으로 커피 소비량을 조사한 결과 한국이 일본, 러시아 등을 제치고 세계에서 6번째로 커피를 많이 소비하는 국가라고 한다. 1위는 미국이며, 그 뒤로 브라질이 2위, 독일이 3위, 프랑스가 4위, 이탈리아가 5위를 차지했다.

이런 커피에 대한 아낌없는 사랑과 함께 전 세계적으로 커피애호가들 사이에서 커피의 향과 맛을 객관적으로 평가해 보려는 움직임이 강하게 불고 있다. 다양한 기관에서 다양한 평가방법들이 있겠지만, 그 중 대표적인 곳이 SCAA(미국스페셜티협회)의 커핑방식을 들 수 있다.

우리 주변에서 흔히 말하는 커핑Cupping이라 함은 SCAA 프로토콜에 부합하는 커핑을 언급하는 것으로 보아도 무방할 정도로, 이는 국제적으로 인정받고 있는 대표적인 커피향미분석방법이다.

SCAA 커핑평가의 가장 중요한 목적은 평가받는 생두Greeen Bean가 스페셜티급 생두Specialty Grade인지, 아니면 커머셜급 커피Commercial Grade인지를 구분하는 기본적인 틀을 제공함에 있다. 커핑이라는 단어를 처음 접하는 사람들은 어색할 수 있겠지만, 목적과 방법 측면에서 와인 테이스팅과 비슷하다고 보아도 무방하다.

커핑Cupping이란 단어에서 연상될 수 있는 것처럼, 한 잔의 컵에 담겨있는 커피의 정성적과 정량적 분석결과를 토대로 생두의 품질을 평가하는 것이다. 기존에 약속된 커핑 프로토콜을 통해 향미분석을 진행하고 이를 통해 생두가 일정한 품질 수준을 넘는지 확인하는 일련의 체계적인 절차이며, 현재 산지에서 생두의 가격을 산정하는 데 막대한 영향을 끼친다.

2015년을 기준으로 전 세계 SCAA Q-grader(생두품질감별사)의 수는 4,000명 가량이며, 그 중 절반 가까운 2,000명 정도가 한국에서 배출되었다고 하니, 위에서 말한 유로모니터의 놀랍던 결과가 새삼 자연스럽게 수긍이 간다.

Coffee

커핑(Cupping)이란?

커피의 특징을 적당한 향미용어와 정량적인 크기로 표현하며, 평가의 중요한 요소로 커피향과 맛, 바디감 그리고 결점의 유·무 등을 들 수 있다. 커핑을 위해서 생두의 외관, 향과 맛, 바디감 등에 대한 특성 차이식별 능력과 묘사 분석능력이 필요하다.

최근, 한국에는 다양한 원산지에서 다양한 등급의 커피들이 물밀듯이 수입되고 있다. 심지어 한국의 전문가들이 원산지에서 재배나 가공과정에 직 · 간접적으로 참여하여 새로운 프로세스가 접목된 커피를 만들어내는 정도까지 이르게 되었다. 커피 한 톨 나지 않는 한국에서 이런 영향력을 끼칠 수 있음에 왠지 모르게 자부심을 갖는다.

한편으로, 커피 원산지에서 보내준 샘플과 다른 본 물량이 소비국에 도착하는 경우, 생두 수입상들이 큰 어려움을 겪기도 한다. 둘 사이에 품질이 확연히 다르거나, 원산지의 커핑결과가 소비국에서는 제대로 해석되거나 수긍되지 않을 수 있다. 이런 문제를 줄이기 위해 동일한 평가방식과 기준을 가지고 샘플과 본 물량을 평가한다면, 생두품질 등급의 일관성을 유지하는 데 도움이 될 수 있다. 그럼에도 불구하고 다양한 측면에서 여전히 산지와 소비국 사이에서는 좀처럼 괴리감이 줄어들지 않고 있다.

커피품질 특성의 가장 중요한 요소인 향과 맛을 말해 보자. 커피에서 느껴지는 맛, 즉 5가지 맛 또는 바디감을 구분하며 인지하고 묘사하는 측면에서 그들과 우리는 크게 다르지 않는 것 같다. 그렇다면 도대체 생산국가의 그들과 소비국가의 우리 사이에 무슨 문제가 있는 것일까? 아마도 이는 맛보다는 커피의 향과 더욱 밀접하게 연결되어 있는 것으로 보인다.

*점차 원산지에서도 공인된 아로마키트를 이용하여 소비국과 일관성 있는 향미분석 결과를 도출한다.

예를 들어, 한국에서 생산되는 사과와 케냐에서 생산되는 사과의 향이 같을까? 케냐산 사과는 아마도 우리가 흔히 인지하고 있는 사과향과는 사뭇 다른 뉘앙스를 가지고 있을 것이다. 심지어 우리는 어쩌면 사과가 아닌 다른 과일이라고 착각할 수도 있다.

각 나라마다, 심지어 동네마다 사람들이 경험하며 기억하고 있는 아로마의 기준은 다르다. 이는 지역적으로 경험할 수 있는 향의 종류 차이에서 시작한다. 나라마다 독특한 식문화와 식재료를 이용하고, 이로 인한 경험치가 매우 다를 수 있는 것이다. 결국 이것은 우리 개개인의 타고난 능력의 문제가 아니라, 후천적인 경험의 차이에서 기인하는 것이다.

(2) 공통언어의 필요성

그렇다면, 커핑에서 이런 이유로 하여금 커피향에 대해 서로 불일치가 일어난다면, 소비국가는 결국 산지를 불신하게 될 수밖에 없다.

전 세계에서 석유 다음으로 물동량이 큰 커피를 거래함에 있어, 필수덕목은

표준화된 그리고 객관화된 자료에 입각해야 한다는 것이다. 즉 표준화된 커피 아로마라는 공통언어를 통해 상호간 커뮤니케이션하고 칼리브레이션한다면 산지에서 커피의 좋은 특징들이 온전하게 최종적인 소비자에게 전달될 수 있고 사랑받게 될 것이다. 이 부분에서 커퍼Cupper의 역할이 기대되는 것이다.

(3) 커핑 프로토콜

그렇다면 지금부터 커핑 프로토콜Cupping Protocol에 대해 알아보도록 한다.

필자는 2016년을 기준으로 한국을 포함하여 일부 동남아에서 유일하게 SCAA Lab Inspector(커피연구소 인증심사관)으로 활동하고 있다. 따라서 다음에서 언급하는 커핑기준 환경 또는 프로토콜에 대한 내용들이 100%는 아니지만, 상당히 객관적임을 강조하고 싶다.

Coffee

- 로스팅
  - 8~12분 사이
  - 24시간 이내 커핑
  - Scorched & Tipped Bean Unacceptable
- 색깔
  - 아그트로 숫자 Whole Bean 58(타일 55) / Grinded Bean 63(타일 65)
- 분쇄
  - US 20 Mesh(Sieve Size 0.84mm)에서 70~75% 통과
  - 분쇄기 → 디팅, 말코닉 등
  - 분쇄 후, 15분 안에 물붓기(유리 커버 → 30분 이내)
- 물 : 커피 = 1ml : 0.055g(미국 골든컵 수율) → 11g/200ml
- 물의 TDS : 75~250ppm(Particle Per Million, 100만분의)
- 커핑 테이블 높이 : 110~100cm
- 3컵 이상

(4) 커핑 스킬

커핑용	액 션	방 법
X	인헤일링(Inhaling)	폐 속까지 깊이 숨을 들이마신다.
O	스니핑(Snipping)	"킁킁"대는 소리를 내며 코로 냄새를 짧게 끊어 마신다.
	슬러핑(Slurping)	"후루룩" 소리를 내며 입으로 주변공기와 더불어 마신다.

(5) 커핑 순서

타이머(min.)	액 션	체크리스트
	색도(Color) 체크	분쇄두 색도 체크
	스니핑(Snipping)	프레그런스(Fragrance) (퀄러티 & 인텐서티)
0 (Re-set)	물붓기(93℃ 내 · 외)	물 1ml 대 원두 0.055g (200ml 대 11g)
0~4	스니핑(Snipping)	아로마(Aroma) (퀄러티 & 인텐서티)
4	브레이킹(Breaking)	Auto-break is not allowed
4~7	스니핑(Snipping)	아로마(Aroma) (퀄러티 & 인텐서티)
7~10	스키밍(Skimming)	클린컵 세척 1차 슬러핑 준비
10~15	1차 슬러핑(1st Slurpping)	파브(FAAB) 플레이버, 애프터테이스트, 에시디티, 바디
15~20	2차 슬러핑(2nd Slurpping)	파브(FAAB) 플레이버, 애프터테이스트, 에시디티, 바디
20~25	3차 슬러핑(3rd Slurpping)	벅스(BUCS) 밸런스, 균일성, 클린컵, 당도 (Uniformity, Clean-cup, Sweetness)
25~30	점수 채점(Scoring)	

(6) 평가항목 및 점수내기

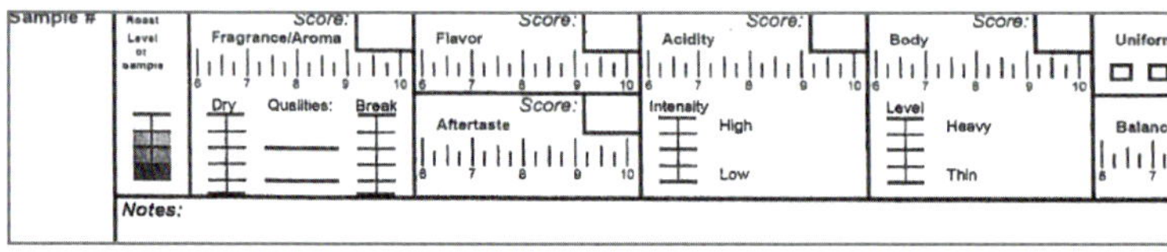

Scoring(점주 채점)

가로축	질(Quality)	Rating	Pleasing or Not
세로축	강도(Intensity)	Ranking	Now-Medium-High
Quarter Point Movement	0.25		
6~10 평가	6점 이하는 Commercial이라 평가할 이유가 없다.		

① Fragrance(프레그런스) / Aroma(아로마)

- Fragrance : 뜨거운 물을 붇기 전에 분쇄두에서 발현되는 다양한 커피향을 말한다. 주로 휘발성이 좋은 꽃 - 허브 - 과일 계열의 향들에 집중해서 기록한다.
- Aroma : 뜨거운 물이 분쇄두와 만나 발현되는 커피향을 말한다. 주로 과일 - 캐러멜 - 초콜릿 - 향신료 계열의 향들에 집중해서 기록한다.

→ Fragrance와 Aroma의 품질과 강도Quality and Intensity를 함께 평가, 기록한다.

② Flavor(플레이버)

- 커피를 슬러핑하는 순간 느껴지는 풍미와 바디감을 포함한다.
- 커피의 첫인상을 기록한다고 생각하면 된다.
- Flavor의 품질과 강도Quality and Intensity를 함께 평가하여 기록한다.

③ After-taste(애프터테이스트) = Finish(피니시)

- Flavor를 첫인상이라고 하면, After-taste는 커피의 여운 또는 후미라고 생각하면 된다.

- 좋은 풍미가 오래 유지되면 훌륭한 에프터 테이스트After-taste이다.

④ Acidity(애시더티, 산미)

- 커피 속의 다양한 산Acid이 모여 신맛의 특징을 만든다.
- Acidity의 품질과 강도Quality and Intensit를 함께 평가하여 기록한다.
- 앞서 훈련받았던 산의 종류와 강도를 기록으로 남겨주면 더욱 좋다.

Coffee

산미감의 예시

- Very High Acidity(매우 강한 신맛)
- High Acidity(강한 신맛)
- Moderate Acidity(중간 신맛)
- Low Acidity(약한 신맛)
- Almost no Acidity(매우 약한 신맛)

⑤ Body(바디감)

- 커핑에서 바디감은 질감Texture과 무게감Weight을 말하며, 미각과는 다른 촉각이다.
- 질감과 무게감을 둘 다 기록한다.

Coffee

바디감(무게감)의 예시

- Thin(바디가 약해 부정적)
- Light(바디가 부족하지만 괜찮음)
- Moderate(적당한 바디감)
- Full(바디가 풍부함)
- Heavy(바디가 묵직함)

자료 : Daum

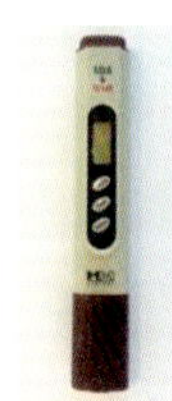

Water TDS meter의 사용

* 물에 함유된 미네랄 함량이 커피의 향미 특성에 미치는 영향
정상적인 향미 발현을 위한 물의 TDS
(50～200ppm)

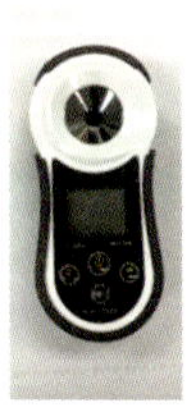

Coffee TDS meter의 사용

추출된 커피의 농도를 측정하여 부르잉, 에스프레소 품질관리

* TDS = Total Dissolved Solid(총 용존고형분)

물 또는 커피 계측기를 활용한 과학적 접근

⑥ Balance(밸런스)

커핑Cupping에서 평가하는 밸런스Balance는 5가지 맛의 밸런스가 아니라 Flavor, After-taste, Acidity, Body의 FAAB 균형감을 말한다. 따라서 각각의 점수가 높지 않더라도 점수대가 비슷하다면, 밸런스 자체는 좋은 것이라고 할 수 있다.

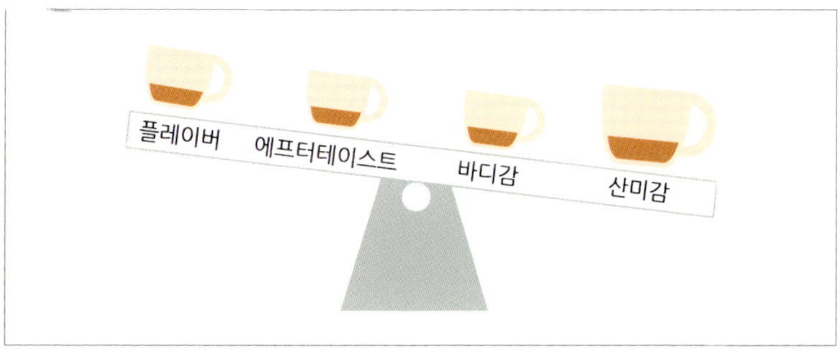

⑦ Uniformity(유니포머티) / Clean−cup(클린컵) / Sweetness(스위트니스)

생두의 결점 또는 컵들 간에 불균일성과 관련하여 체크하는 부분이다.

- Uniformity(유니포머티) : 균일성
- Clean-cup(클린컵) : 명료성
- Sweetness(스위트니스) : 당도

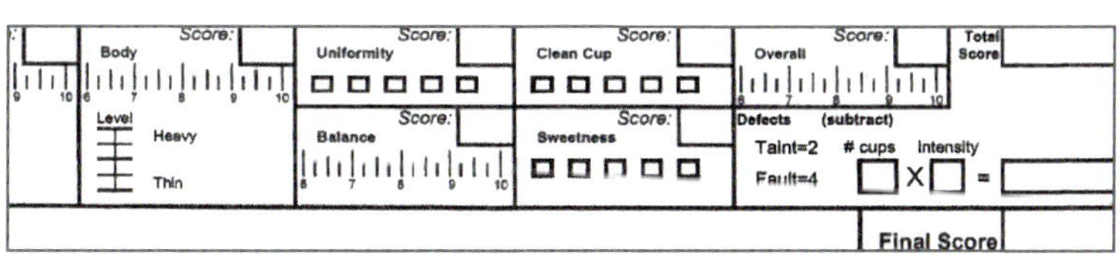

⑧ Overall(오버롤)

이 부분에서 유일하게 개인적인 호불호를 반영할 수 있다. 하지만 앞서 기록한 객관적인 점수들과 너무 큰 차이가 나지 않는 것을 권장한다.

(7) 평가방식

① 스페셜티 커피 평균항목 점수 : 7.25점

모든 평가가 그렇듯이 커핑폼 평가의 기준Reference이 필요할 것이다. 스페셜티 커피를 평가하는 경우, 기준점수로 활용할 수 있는 커피가 기존에 있는 경우에는 좋지만, 뚜렷한 레퍼런스 샘플이 마땅히 없다면 생두회사의 결과를 참고한다. 그것마저도 없다면 개별항목 당 평균기준으로 놓고 시작해 본다. 물론 이것은 절대적인 것은 아니다.

② No Cowboy but be Confident

평가를 시작하기에 앞서 가장 강조하고 싶은 부분은 커핑평가 이전에 프로토콜을 충분히 이해하고 훈련되어 있어야 하며, 평가는 항상 객관적으로 해야 한다. 물론 Cowboy와 같이 본인 마음 가는대로 평가하는 커퍼가 되어서는 안 되겠지만, 충분한 훈련과 경험이 쌓였다면 자신감을 가지고 점수평가에 임한다.

③ Score Range : 6~10점, 0.25point Movement

SCAA 커핑폼에서 체크할 수 있는 최소점수는 6점이고 최대점수는 10점이며, 눈금 한 칸은 0.25점이다. 즉 0.25점씩 좌 · 우로 움직이며, 영어로 표현한다면 Quarter-point Movement(쿼터포인트 무브먼트)라고 할 수 있다.

6점 이하가 될 경우, 스페셜티가 될 가능성이 없어 평가할 가치가 없다고 보고 있다. 아주 특별히 좋거나, 나쁘지 않은 경우를 제외한다면 대부분의 점수대는 6.5점에서 8.5점 사이에서 대부분 움직인다. 하지만 꼭 그럴 필요는 없으니 기준을 바탕으로 자신감 있게 체크한다.

④ 스페셜티 커피등급 세부분류

80점 이상은 스페셜티, 84점 이상은 솔리드 스페셜티, 86점 이상은 스페셜, 88점 이상은 슈퍼 스페셜 등으로 세분한다.

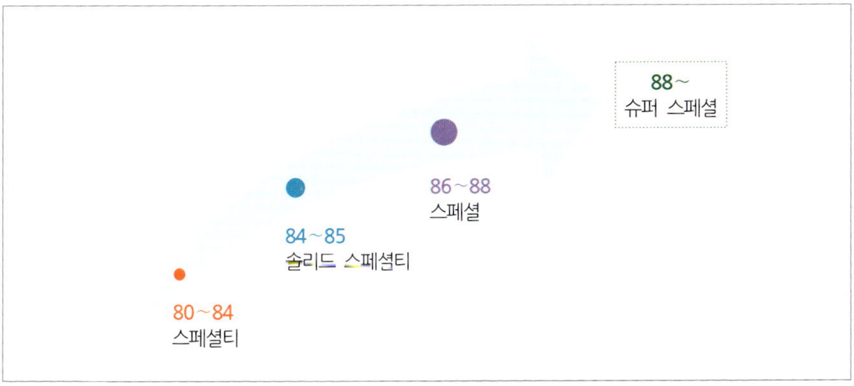

(예시) 커머셜 등급

Fragrance / Aroma	Flavor	Aftertaste	Acidity	Body	Balance	Uniformity	Clean Cup	Sweetness	Overall	Total
7.25	7	6.75	7	6.75	7.25	10	10	10	7	79

*나쁘진 않은데… 무언가 2% 아쉽다~

(예시) 스페셜티 등급

Fragrance / Aroma	Flavor	Aftertaste	Acidity	Body	Balance	Uniformity	Clean Cup	Sweetness	Overall	Total
7.5	8	7.75	7.75	7.5	7.5	10	10	10	7.75	83.75

*역시 스페셜티라 다르긴 다르구나~

(예시) 솔리드 스페셜티 등급

Fragrance / Aroma	Flavor	Aftertaste	Acidity	Body	Balance	Uniformity	Clean Cup	Sweetness	Overall	Total
8	8.25	8	8	7.75	7.5	10	10	10	8.25	85.75

*캬, 그렇지! 그래 바로 이게 진정한 스페셜티 커피지!

2) 커핑연습

(1) 등급분류

① 중요결점두 불포함 / 포함에 따른 커핑연습 및 그에 따른 등급분류

A. 콜롬비아 워시드Specialty Grade

목 적	(1) 중요결점두 불포함 / 포함에 따른 커핑연습 및 그에 따른 등급분류
준비물	(1) 콜롬비아 워시드(Specialty Grade) (2) 중요결점두 3종 내 · 외
방 법	(1) 결점두 불포함 / 포함 커핑을 2회 실시하여 차이를 인지한다. (2) 결점두 불포함 5컵, 결점두 포함 5컵을 이용하여 3세트의 삼점법 테스트를 만든다. ex) 3세트 : BBC, BAB, ACA (3) 한 세트에 3개의 커피 샘플이 제시되며, 2가지 커피는 같고, 1가지 커피는 다르다. (4) 커피 샘플을 맛보고 다른 1가지 커피를 용지에 표시하고 '결점두 불포함 / 포함'의 유 · 무를 적는다. (5) 답을 확인하고 채점한다.
예 시	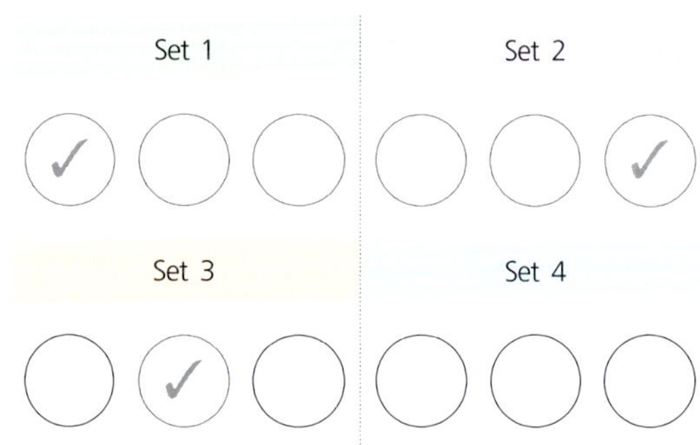
채 점	

PRACTICE

Test 1 다른 것을 찾아 ✓ 표시하시오.

Triangulation - "?" Mark "✓" by the different cuo from other two.

Set 1 ○ ○ ○

Set 2 ○ ○ ○

Set 3 ○ ○ ○

Set 4 ○ ○ ○

Test 2 다른 것을 찾아 ✓ 표시하시오.

Triangulation - "?" Mark "✓" by the different cuo from other two.

Set 1 ○ ○ ○

Set 2 ○ ○ ○

Set 3 ○ ○ ○

Set 4 ○ ○ ○

B. 에티오피아 내추럴Specialty Grade

목 적	(1) 중요결점두 불포함 / 포함에 따른 커핑연습 및 그에 따른 등급분류
준비물	(1) 에티오피아 내추럴(Specialty Grade) (2) 중요결점두 3종 내 · 외
방 법	(1) 결점두 불포함 / 포함 커핑을 2회 실시하여 차이를 인지한다. (2) 결점두 불포함 5컵, 결점두 포함 5컵을 이용하여 3세트의 삼점법 테스트를 만든다. ex) 3세트 : BBC, BAB, ACA (3) 한 세트에 3개의 커피 샘플이 제시되며, 2가지 커피는 같고, 1가지 커피는 다르다. (4) 커피 샘플을 맛보고 다른 1가지 커피를 용지에 표시하고 '결점두 불포함 / 포함'의 유 · 무를 적는다. (5) 답을 확인하고 채점한다.
예 시	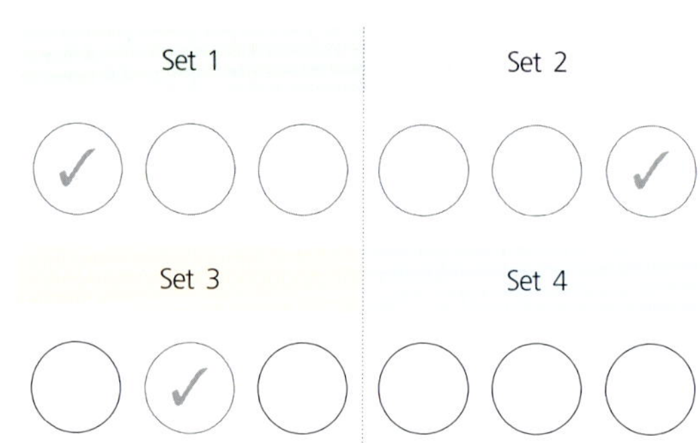
채 점	

PRACTICE

Test 1

다른 것을 찾아 ✓ 표시하시오.

Triangulation - "?" Mark "✓" by the different cuo from other two.

Set 1	Set 2
○ ○ ○	○ ○ ○
Set 3	**Set 4**
○ ○ ○	○ ○ ○

Test 2

다른 것을 찾아 ✓ 표시하시오.

Triangulation - "?" Mark "✓" by the different cuo from other two.

Set 1	Set 2
○ ○ ○	○ ○ ○
Set 3	**Set 4**
○ ○ ○	○ ○ ○

② 향미특성 평가에 따른 커핑연습 및 그에 따른 등급분류

목 적	(2) 향미특성 평가에 따른 커핑연습 및 그에 따른 등급분류
준비물	(1) 콜롬비아 워시드 2종(Specialty Grade 1종 & Commercial Grade 1종) (2) 에티오피아 내추럴 2종(Specialty Grade 1종 & Commercial Grade 1종)
방 법	(1) Specialty Grade & Commercial Grade 커핑을 2회 실시하여 차이를 인지한다. (2) 콜롬비아 워시드 Specialty Grade 5컵, 콜롬비아 워시드 Commercial Grade 5컵을 이용하여 3세트의 삼점법 테스트를 만든다. ex) 3세트 : BBC, BAB, ACA (3) 한 세트에 3개의 커피 샘플이 제시되며, 2가지 커피는 같고, 1가지 커피는 다르다. (4) 커피 샘플을 맛보고 다른 1가지 커피를 용지에 표시하고 등급의 종류를 적는다. (5) 답을 확인하고 채점한다. (6) 에티오피아 내추럴에 대해서도 같은 방식으로 테스트한다.
예 시	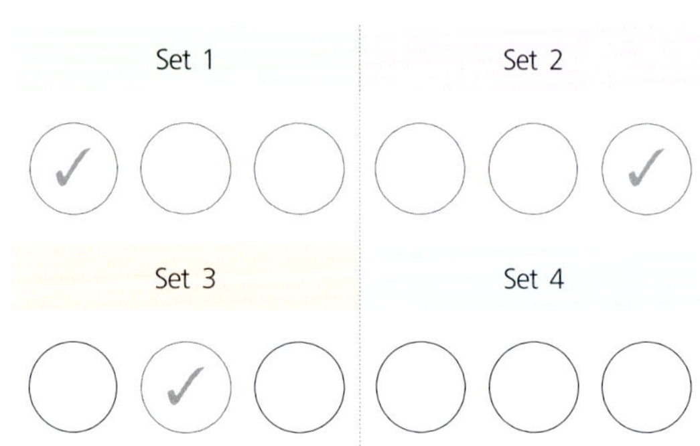
채 점	

PRACTICE

Test ❶

다른 것을 찾아 ✓ 표시하시오.

Triangulation - "?" Mark "✓" by the different cuo from other two.

Set 1	Set 2
○ ○ ○	○ ○ ○
Set 3	**Set 4**
○ ○ ○	○ ○ ○

Test ❷

다른 것을 찾아 ✓ 표시하시오.

Triangulation - "?" Mark "✓" by the different cuo from other two.

Set 1	Set 2
○ ○ ○	○ ○ ○
Set 3	**Set 4**
○ ○ ○	○ ○ ○

③ 정제방식별 스페셜티 4종 커핑All Specialty Grade

Natural / Pulped Natural / Honey / Washed 등등…

목 적	(3) 정제방식별 스페셜티 4종 커핑(All Specialty Grade)
준비물	(1) 워시드 2종 (2) 내추럴 1종 (3) 허니 또는 펄프드 내추럴 1종
방 법	(1) 워시드 2종 / 내추럴 1종 / 허니 또는 펄프드 내추럴 1종 커핑을 2회 실시하여 차이를 인지한다. (2) 한 세트에 3개의 커피 샘플이 제시되며, 샘플을 맛보고 용지에 정제방식의 종류를 적는다. (3) 답을 확인하고 채점한다.
예 시	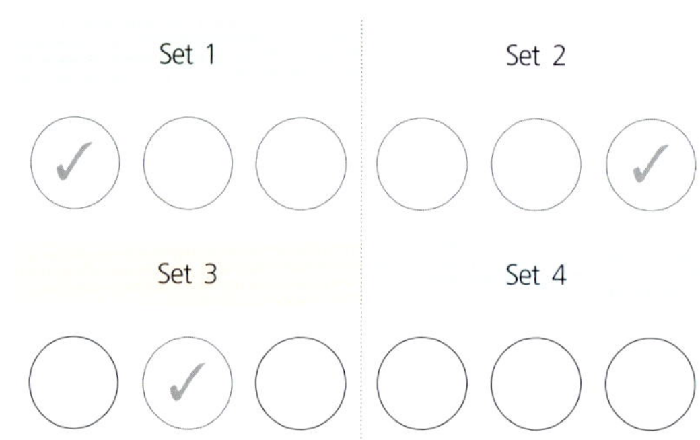
채 점	

PRACTICE

Test ❶ 다른 것을 찾아 ✓ 표시하시오.

Triangulation - "?" Mark "✓" by the different cuo from other two.

Set 1	Set 2
○ ○ ○	○ ○ ○
Set 3	**Set 4**
○ ○ ○	○ ○ ○

Test ❷ 다른 것을 찾아 ✓ 표시하시오.

Triangulation - "?" Mark "✓" by the different cuo from other two.

Set 1	Set 2
○ ○ ○	○ ○ ○
Set 3	**Set 4**
○ ○ ○	○ ○ ○

④ 대륙별(워시드 & 스페셜피 품질기준)

A. 중남미

목 적	(4) 대륙별(워시드 기준) 커핑
준비물	중남미 워시드 3종
방 법	(1) 중남미 워시드 3종 커핑을 2회 실시하여 차이를 인지한다. (2) 한 세트에 3개의 커피 샘플이 제시되며, 샘플을 맛보고 용지에 중남미국가의 종류를 적는다. (3) 답을 확인하고 채점한다.
예 시	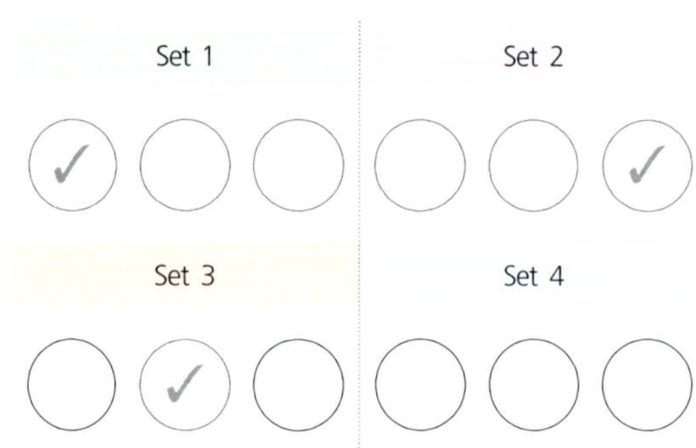
	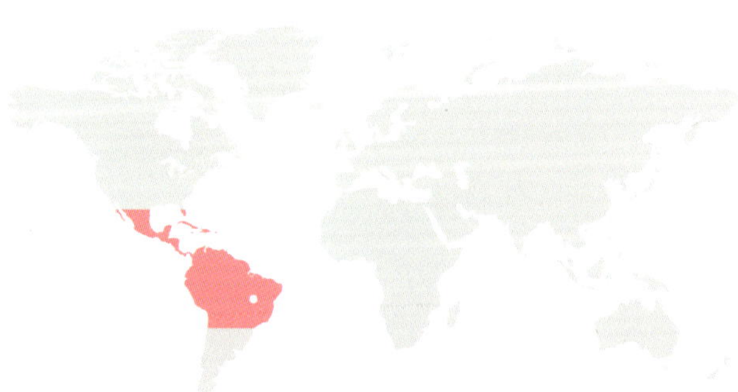

PRACTICE

Test ① 다른 것을 찾아 ✓ 표시하시오.

Triangulation - "?" Mark "✓" by the different cuo from other two.

Set 1	Set 2
○ ○ ○	○ ○ ○
Set 3	**Set 4**
○ ○ ○	○ ○ ○

Test ② 다른 것을 찾아 ✓ 표시하시오.

Triangulation - "?" Mark "✓" by the different cuo from other two.

Set 1	Set 2
○ ○ ○	○ ○ ○
Set 3	**Set 4**
○ ○ ○	○ ○ ○

B. 아프리카

목 적	(4) 대륙별(워시드 기준) 커핑
준비물	아프리카 워시드 3종
방 법	(1) 아프리카 워시드 3종 커핑을 2회 실시하여 차이를 인지한다. (2) 한 세트에 3개의 커피 샘플이 제시되며, 샘플을 맛보고 용지에 아프리카국가의 종류를 적는다. (3) 답을 확인하고 채점한다.
예 시	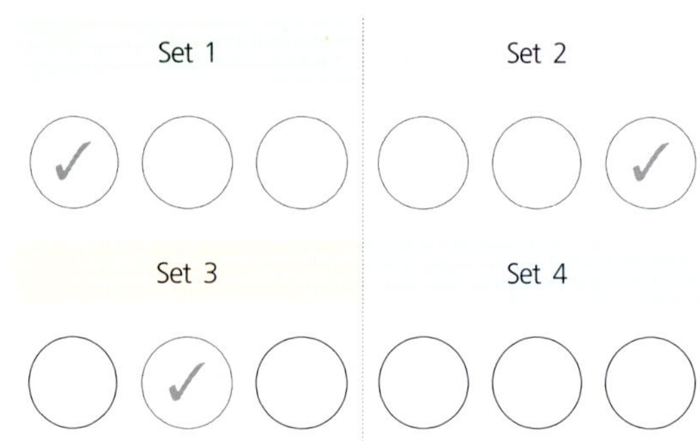

PRACTICE

Test 1

다른 것을 찾아 ✓ 표시하시오.

Triangulation - "?" Mark "✓" by the different cuo from other two.

Set 1	Set 2
○ ○ ○	○ ○ ○
Set 3	**Set 4**
○ ○ ○	○ ○ ○

Test 2

다른 것을 찾아 ✓ 표시하시오.

Triangulation - "?" Mark "✓" by the different cuo from other two.

Set 1	Set 2
○ ○ ○	○ ○ ○
Set 3	**Set 4**
○ ○ ○	○ ○ ○

C. 아시아

목 적	(4) 대륙별(워시드 기준) 커핑
준비물	아시아 워시드 3종
방 법	(1) 아시아 워시드 3종 커핑을 2회 실시하여 차이를 인지한다. (2) 한 세트에 3개의 커피 샘플이 제시되며, 샘플을 맛보고 용지에 아시아 국가의 종류를 적는다. (3) 답을 확인하고 채점한다.
예 시	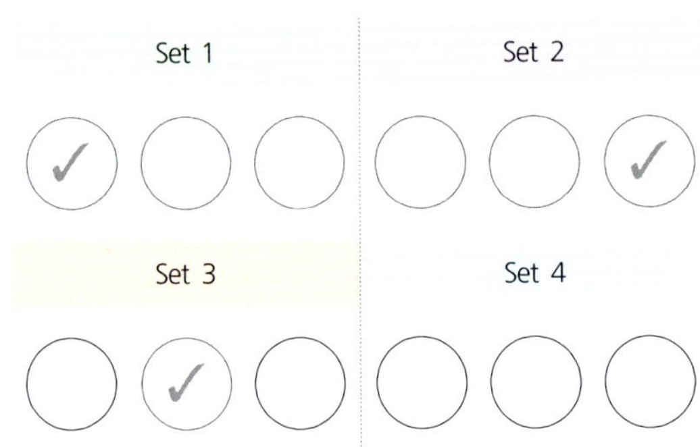

PRACTICE

Test ❶

다른 것을 찾아 ✓ 표시하시오.

Triangulation - "?" Mark "✓" by the different cuo from other two.

Set 1	Set 2
○ ○ ○	○ ○ ○
Set 3	**Set 4**
○ ○ ○	○ ○ ○

Test ❷

다른 것을 찾아 ✓ 표시하시오.

Triangulation - "?" Mark "✓" by the different cuo from other two.

Set 1	Set 2
○ ○ ○	○ ○ ○
Set 3	**Set 4**
○ ○ ○	○ ○ ○

3) 테이스팅

실력 있는 커퍼들의 커핑을 통해 품질규격에 부합하는 생두가 로스터와 바리스타에게 전달된다. 그러나 커핑이 주로 생두의 품질평가에 주력하고 있기 때문에, 실제 최종 소비되는 커피제품의 선호도까지 고려하기는 어려운 부분이 있다. 따라서 로스터는 바리스타가 한 잔의 완벽한 커피를 추출할 수 있도록 생두를 가공하여, 최고의 원재료를 만들어내는 로스팅이라는 중요한 프로세스를 거치게 된다.

그리고 바리스타는 소비자가 최종적으로 마시게 되는 커피의 특별한 풍미를 충분히 이해하고 발현시킬 수 있어야 한다. 이런 측면에서 로스터와 바리스타는 객관적인 커피 테이스터가 되어야 하고 커피연구원 역할을 하게 된다.

특히 바리스타는 커피업계의 셰프이다. 커피향과 맛이 기대한 것만큼 잘 추출되었는지 스스로 판단할 수 있는 능력을 배양해야 할 뿐만 아니라, 커피향을 통해 고객과 당신만의 공감대를 형성하여 보다 전문적이고 차별화된 최상의 음료를 제공할 수 있어야 한다.

(1) 테이스팅폼의 초보폼Beginner Form

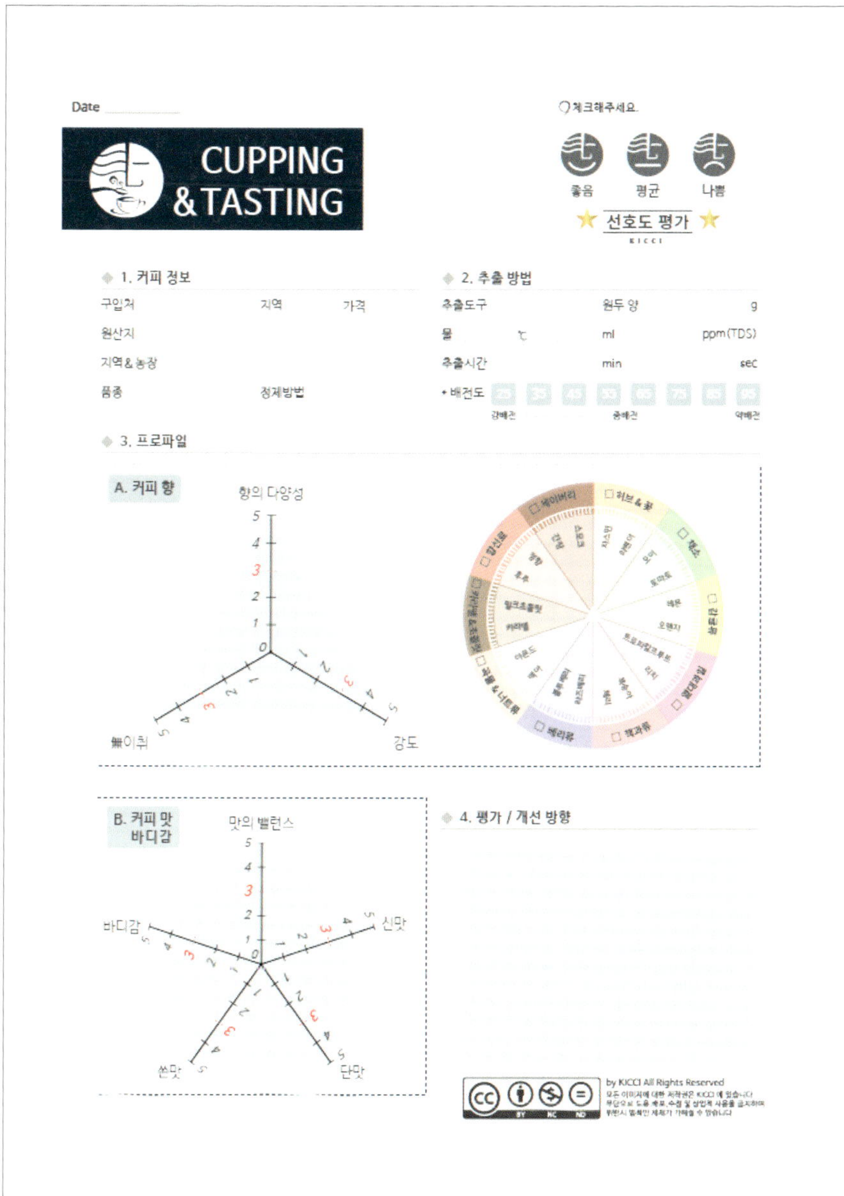
Date

CUPPING & TASTING

◯ 체크해주세요.

좋음 평균 나쁨

★ 선호도 평가 ★

◆ 1. 커피 정보

구입처 지역 가격

원산지

지역 & 농장

품종 정제방법

◆ 2. 추출 방법

추출도구 원두 양 g

물 ℃ ml ppm(TDS)

추출시간 min sec

• 배전도 25 35 45 55 65 75 85 95

강배전 중배전 약배전

◆ 3. 프로파일

A. 커피 향

향의 다양성

강도

이취

B. 커피 맛 바디감

맛의 밸런스

신맛

단맛

쓴맛

바디감

◆ 4. 평가 / 개선 방향

Coffee

스파이더 플랏(Spider Plot)

- 미국 트라곤사에서 처음 개발한 향미속성들의 크기를 묘사법을 통해 수량적으로 나타낸 것이다.
- 비슷한 계통 식품들의 특징을 쉽게 비교할 수 있다.

① 커피향

o 향의 다양성

- 5점 : 매우 다양한 커피향
- 4점 : 다양한 커피향
- 3점 : 보통 커피향 아로마
- 2점 : 약간 단조로운 커피향
- 1점 : 매우 단조로운 커피향

o 강도

- 5점 : 매우 짙은 커피향
- 4점 : 짙은 커피향
- 3점 : 보통 커피향
- 2점 : 약간 희미한 커피향
- 1점 : 매우 희미한 커피향

o 무이취(無)

- 5점 : 이취가 전혀 느껴지지 않는다.
- 4점 : 이취가 거의 느껴지지 않는다.
- 2점 : 이취가 살짝 느껴진다.
- 1점 : 이취가 강하게 느껴진다.

② 커피맛 / 바디감

- 신맛
  - 5점 : 매우 강한 신맛
  - 4점 : 강한 신맛
  - 3점 : 중간 신맛
  - 2점 : 약한 신맛
  - 1점 : 매우 약한 신맛
- 단맛
  - 5점 : 매우 강한 단맛
  - 4점 : 강한 단맛
  - 3점 : 중간 단맛
  - 2점 : 약한 단맛
  - 1점 : 매우 약한 단맛

  *신맛, 쓴맛 성분과의 상호작용이 단맛의 정도에 영향을 줄 수 있다.
- 쓴맛
  - 5점 : 매우 강한 쓴맛
  - 4점 : 강한 쓴맛
  - 3점 : 중간 쓴맛
  - 2점 : 약한 쓴맛
  - 1점 : 매우 약한 쓴맛
- 바디감
  - 5점 : 묵직한 바디
  - 4점 : 풍부한 바디
  - 3점 : 중간 바디
  - 2점 : 약간 부족한 바디
  - 1점 : 워터리한 바디

ㅇ 밸런스

- 5점 : 신맛, 단맛, 쓴맛, 바디감의 밸런스가 매우 좋다.
- 4점 : 신맛, 단맛, 쓴맛, 바디감의 밸런스가 좋다.
- 3점 : 신맛, 단맛, 쓴맛, 바디감의 밸런스가 보통이다.
- 2점 : 신맛, 단맛, 쓴맛, 바디감의 밸런스가 좋지 않다.
- 1점 : 신맛, 단맛, 쓴맛, 바디감의 밸런스가 매우 좋지 않다.

Coffee

커피아로마 카테고리 분류표

카테고리 1 : 허브 & 꽃
카테고리 2 : 채소류
카테고리 3 : 감귤류
카테고리 4 : 열대과일류
카테고리 5 : 핵과류
카테고리 6 : 베리류
카테고리 7 : 곡물 & 너트류
카테고리 8 : 캐러멜 & 초콜릿류
카테고리 9 : 향신료

(2) 테이스팅 연습

① 로스팅 패턴 6단계 이해(SCAE 기준)

ㅇ 목표 : 향미의 특징 및 기준 잡기

ㅇ 준비물 : 비기너 테이스팅폼, 콜롬비아 워시드Specialty Grade & 에티오피아 내추럴Specialty Grade

ㅇ 테이스팅 : 2회

ㅇ 테스트 : 로스팅 단계 맞추기

② 추출도구에 따른 패턴 이해(에스프레소 또는 3종 핸드드립 도구, 동일한 조건)

- 목표 : 커피향미 특징의 적용 및 추출도구의 이해
- 준비물 : 비기너 테이스팅폼, 콜롬비아 워시드Specialty Grade & 에티오피아 내추럴Specialty Grade
- 테이스팅 : 2회
- 테스트 : 추출도구 맞추기

③ 추출패턴에 따른 이해(동일한 핸드드립 도구), 온도

- 목표 : 온도변화에 따른 향미변화의 구체적 고찰
- 준비물 : 비기너 테이스팅폼, 콜롬비아 워시드Specialty Grade & 에티오피아 내추럴Specialty Grade
- 테이스팅 : 2회

④ 추출패턴에 따른 이해(동일한 핸드드립 도구), 분쇄도

- 목표 : 분쇄도 변화에 따른 향미변화의 구체적 고찰
- 준비물 : 비기너 테이스팅폼, 콜롬비아 워시드Specialty Grade & 에티오피아 내추럴Specialty Grade
- 테이스팅 : 2회
- 테스트 : 분쇄도 맞추기

⑤ 추출패턴에 따른 이해(동일한 핸드드립 도구), 추출시간

- 목표 : 추출시간 변화에 따른 향미변화의 구체적 고찰
- 준비물 : 비기너 테이스팅폼, 콜롬비아 워시드Specialty Grade & 에티오피아 내추럴Specialty Grade
- 테이스팅 : 2회
- 테스트 : 추출시간 맞추기

⑥ 결점향미의 발현 형태(동일한 핸드드립 도구 또는 에스프레소 머신), 결점두

- 목표 : 결점두의 양에 따른 결점향미의 발현 형태의 구체적 고찰
- 준비물 : 비기너 테이스팅폼, 콜롬비아 워시드Specialty Grade & 에티오피아 내추럴Specialty Grade
- 결점두 함유량 : 0%, 5%, 30%, 100%
- 테이스팅 : 2회
- 테스트 : 함유량 맞추기 1회

⑦ 올드빈 향미의 발현 형태(동일한 핸드드립 도구 또는 에스프레소 머신), 올드빈

- 목표 : 올드빈의 양에 따른 향미의 발현 형태의 구체적 고찰
- 준비물 : 비기너 테이스팅폼, 콜롬비아 워시드Specialty Grade & 에티오피아 내추럴Specialty Grade
- 올드빈 함유량 : 0%, 5%, 30%, 100%
- 테이스팅 : 2회
- 테스트 : 함유량 맞추기 1회

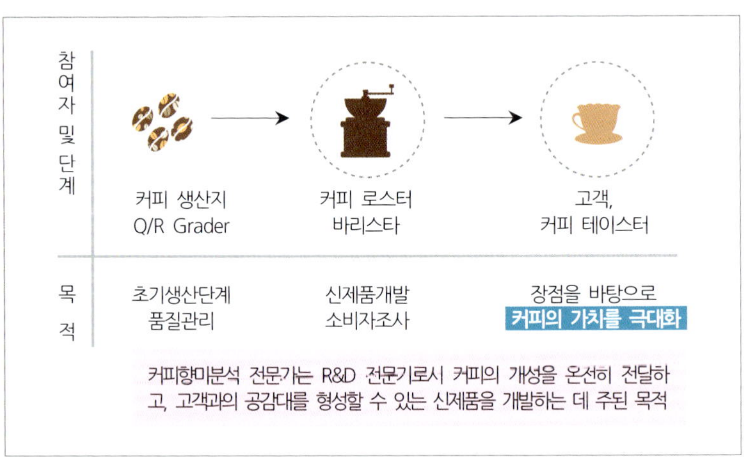

4) 테이스팅 실전

CURATOR

TASTER'S INFO.

Name

Gender Age

Region Date

☐ Flavorist ☐ Q-grader

1 Information

1-1. Store

Name Region Price

1-2. Coffee

Origin

Region&Farm

Variety Process

2 Brewing Method

Tool Water °C ppm(TDS)

Grinder Particle Size

Dose g Extract ml

Time min sec

Color WB 25 35 45 55 65 75 85 95

* Check! 35 Dark Medium Light

RGB 25 35 45 55 65 75 85 95

3 Aroma Profile Circle the strong nuance ex) Dental smell

Fragrance | Aroma | Flavor | Off-Flavor

4 Preference Mark your preference score from 1 to 5

Avg

5 4 3 2 1

5 Taste Profile

Acid 2 1 0 -1 -2

Aroma Intesity 2 1 0 -1 -2

Bitter -2 -1 0 1 2

Body -2 -1 0 1 2

2 Strong
1 Little Strong
0 Normal
-1 Little Weak
-2 Weak

6 *Overall Tasting Note

(1) 어드밴스드 테이스팅폼Advanced Tasting Form

① Acid

- 2점 : 매우 강한 신맛
- 1점 : 강한 신맛
- 0점 : 중간 신맛
- -1점 : 약한 신맛
- -2점 : 매우 약한 신맛

② Bitter

- 2점 : 매우 강한 쓴맛
- 1점 : 강한 쓴맛
- 0점 : 중간 쓴맛
- -1점 : 약한 쓴맛
- -2점 : 매우 약한 쓴맛

③ Body

- 2점 : Very Silky
- 1점 : Silky
- 0점 : Medium
- -1점 : Rough
- -2점 : Very Rough

④ Aroma Intensity

- 2점 : 매우 짙은 커피향
- 1점 : 짙은 커피향

- 0점 : 보통 커피향
- -1점 : 약간 희미한 커피향
- -2점 : 매우 희미한 커피향

(2) 대륙별 테이스팅(동일한 핸드드립 도구)

① 1일차

- 준비물 : 어드밴스드 테이스팅폼, 중남미 3~4종(중1, 중2, 중3, 중4)
- 테이스팅 : 2회
- 테스트 : 중남미국가 맞추기

② 2일차

- 준비물 : 어드밴스드 테이스팅폼, 아프리카 3~4종(프1, 프2, 프3, 프4)
- 테이스팅 : 2회
- 테스트 : 아프리카국가 맞추기

STEP 1 커피 향미분석 : 자신이 적은 테이스팅 노트와 인상카드 노트를 매칭

STEP 2 커피 향미분석 : 주관적인 인상카드 노트를 객관화 과정(SCENTONE By-Pass)

STEP 3 커피 향미분석 : 다른 패널들과 함께 객관화된 인상카드(데이터)를 수집

STEP 4 커피 향미분석 : 의미 있는 인상카드(데이터)만 선별

STEP 5 커피 향미분석 : 앞에서 선별한 인상카드(데이터)를 통해 결과를 시각화하여 커피아로마를 도출

STEP 6 커피 향미분석 : 테이스트 결과를 분석하여 STEP 5의 결과와 함께 최종 결론을 도출

③ 3일차

- 준비물 : 어드밴스드 테이스팅폼, 아시아 3~4종(아1, 아2, 아3, 아4)
- 테이스팅 : 2회
- 테스트 : 아시아국가 맞추기

(3) 정제방식별 테이스팅(동일한 핸드드립 도구)

① 1일차

- 준비물 : 어드밴스드 테이스팅폼, 대륙별 워시드 3~4종(중1, 중2, 프1, 아1)

② 2일차

- 준비물 : 어드밴스드 테이스팅폼, 대륙별 내추럴 3~4종
- 테이스팅 : 2회
- 테스트 : 커피 맞추기

③ 3일차

- 준비물 : 어드밴스드 테이스팅폼, 대륙별 허니 또는 세미워시드 3~4종
- 테이스팅 : 2회
- 테스트 : 커피 맞추기

④ 4일차

- 준비물 : 어드밴스드 테이스팅폼, 대륙별 워시드, 내추럴, 허니, 세미워시드 각 1종
- 테이스팅 : 2회
- 테스트 : 정제방식 맞추기

(4) 정제방식별 / 로스팅 정도별 테이스팅(동일한 핸드드립 도구)

정제방식별 최적의 로스팅 포인트를 찾는 것을 목적으로 한다.

① 1일차

- 준비물 : 어드밴스드 테이스팅폼, 워시드 로스팅 3단계 원두Light-Sample-Dark
- 테이스팅 : 2회

② 2일차

- 준비물 : 어드밴스드 테이스팅폼, 내추럴 로스팅 3단계 원두Light-Sample-Dark
- 테이스팅 : 2회

③ 3일차

- 준비물 : 어드밴스드 테이스팅폼, 허니 또는 펄프드 내추럴 로스팅 3단계 원두Light-Sample-Dark
- 테이스팅 : 2회

향미분석 결과. 강배전 된 에티오피아 내추럴 커피

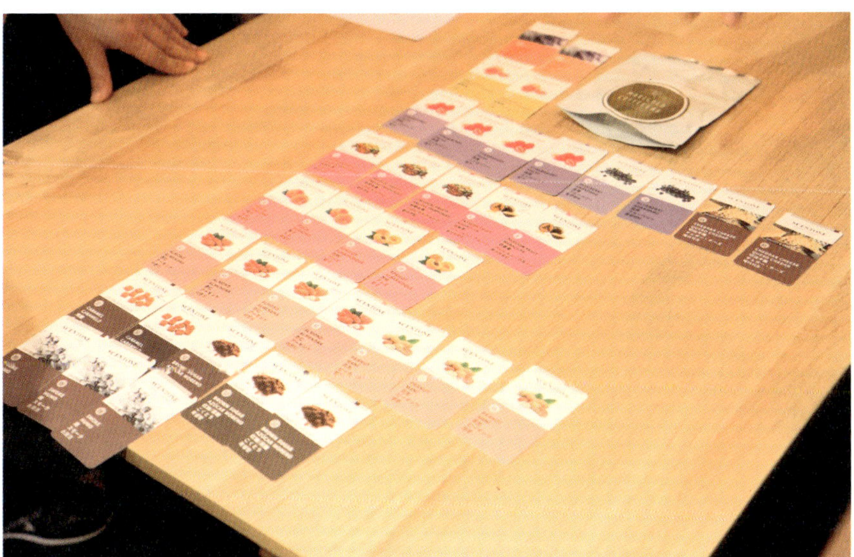

향미분석 결과. 중배전 된 에티오피아 내추럴 커피

향미분석 결과. 강배전 된 브룬디 워시드 커피

소비자와 공감대를 형성하고 기호에 맞는 커피를 제공

Epilogue

커피향미분석을 마치며

전 세계 많은 사람들로부터 사랑받는 커피의 향미를 정의하기란 쉽지 않다. 사람들이 대부분 공감할 수 있는 '커피향'은 있으나, 그 커피향미 안으로 들어가면 상상할 수 없을 정도로 많은 다채로운 향미를 느끼게 된다. 혹자는 '내가 아는 모든 향이 커피에서 느껴진다.'라고 말할 정도로 커피에는 사람의 삶만큼 많은 향이 담겨 있다.

커피를 표현하기 위한 단어, '향미'

체계적인 향미분석 교육과 더불어 커피에 있어 세계표준 공통어를 만들기 위해 다양한 기관에서 힘을 쏟고 있다.

'커피표준향기지도Coffee Flavor Map T100'를 개발하기 위해 대표적인 커피품종을 대상으로 '관능검사법'과 '기기분석법'을 동시에 활용하여 대표적인 향을 선정해 GC-OGas Chromatography-olfactometry를 활용하여 커피에서 발현되는 향기의 화학물질 분석과 동시에 관능검사를 진행하였다.

이러한 과학적이고 정교한 개발과정을 거친 이용자는 표준화된 향미의 훈련을 통하여 커피의 향을 정확하게 인지하고 표현할 수 있을 것으로 사료된다.

새로운 커피, 그리고 기회

로스터, 바리스타를 비롯한 커피 전·후방 산업에 종사하는 분들, 그리고 커피 애호가들에게 새로운 기회를 만나는 데 있어 이 책을 통하여 조금이나마 도움이 되었으면 하는 바람이다.

참고문헌

- 김동훈, 식품화학, 탐구당, 2012.
- 라마찬드란, 박방주 옮김, 명령하는 뇌, 착각하는 뇌, 알키, 2011.
- 브루스 골드스테인, 김정오 옮김, 감각과 지각, 센게이지러닝출판, 2010.
- 최성희, 식품첨가물 섭취량에 따른 안전성 평가 – 감미료(7품목), 한국보건산업진흥원, 2008.

COFFEE TASTING

바리스타 & 로스터를 위한

커피향미분석

Profile

안중혁Jake Ahn

- 센톤(SCENTONE) 공동설립자
- 서울대학교 식품동물생명공학부 졸업
- 단국대학교 식품영양학과 겸임교수
- 중국 텐진외국어대학교 커피 외래교수
- 국제호텔직업전문학교 커피 외래교수
- 경기대학교 커피사이언스 운영교수
- 전) 코카콜라 신제품개발팀
- SCAA Lab inspector / Q-grader
- IBS(Italia Barista School) Instructor
- IIAC Espresso Tasting Certificate

---

guccif@naver.com
www.scentone.org

Proofreading

장영진Daniel Jang

- 센톤(SCENTONE) Education Coordinator
- 중앙대학교 식품영양학과 졸업
- 경희대학교 관광대학원 특별연구과정 이수
- 단국대학교 정보 · 지식재산대학원 식품영양정보학과 재학